日本禽獸物語

日本人と動物の歴史
日本人にとって動物とは何か

動物研究家 實吉達郎 作
許郁文 譯

從遠古到現代，
探索那些在大和神話、歷史、生活中的動物故事

日本人與動物

〈御奧[1]的彈初[2]〉一勇齋國芳

[1]類似中國的後宮。

[2]新年一同奏樂慶祝。

〈二十八
木曾海道六十九次之內長久保〉廣重

〈桃太郎鬼島行〉芳年

狗與日本人

日本犬的特徵是立耳捲尾，立耳象徵著日本犬尚未失去野性。立耳或許是一種對於想要馴化野狼的日本人的反抗或是強調自己尚未完全馴化的意思，也可說它是由野狼賦予日本犬的榮譽之象徵。

捲尾則是代表日本犬的聰明以及徹底「接受飼養」的特徵。甚至有「用力用尾巴捲起右太鼓的日本犬」這種形容。就算惡作劇地叫日本犬「喂，尾巴伸直啦」，尾巴還是會立刻用力地捲起來，所以捲尾已是日本犬不變的特徵。

日本犬似乎有絕不背叛主人的決心。現在很流行的柴犬也是日本犬之一，其個性與習性被認為與「日本人一模一樣」，當然，這是在說「日本人好的那一面」。

〈神功皇后釣貓〉芳年

猫與日本人

英文「Pet」的正確翻譯是「賞趣動物」。若是像中國人以「會抓老鼠的貓，不會抓老鼠的貓」來評論貓這種動物，其實是把貓當成「實用家畜」而不是「賞趣動物」。自從中國送貓給天皇陛下、宮廷與皇室之後，日本人就將貓當成「賞趣動物」，至於能不能抓老鼠，就不是那麼重要，所以日本人不會以「會抓老鼠的貓，不會抓老鼠的貓」來評論貓。

在日本，貓一直是餽贈之物，有人送，也有人收，但不會被買賣。據說在日本古時候要送人貓咪的話，通常會在貓咪的背上綁一條柴魚當作嫁妝，感覺上貓咪就像是要出嫁的新娘。

此外，日本也有剪短貓尾，或是把貓尾折彎再養的習俗，所以日本貓的尾巴通常很短，但個性沒那麼殘忍的日本人為什麼要做這種有違民族性的事，至今仍是不解之謎。

〈風俗三十二相〉urusasau
〈寛政年間處女之風俗〉芳年

〈名所江戶百景 淺草田甫酉之町詣〉廣重

Great horse race at Shinobazu Pond in Ueno Park／Sekisai Kuniyasu

「大和繪tsukushi」
菱川吉兵衛〈菱川師宣〉

〈富嶽三十六景 隅田川 關屋之里〉
葛飾北齋

馬與日本人

古代的日本人習慣揮舞直挺挺的雙刃劍作戰，後來之所以將雙刃劍換成有鋒利彎刃的太刀，是因為騎馬打仗的機會增加，戰鬥方式也換成一對一單挑的方式。

一如「原本是體格壯碩的農夫，結果卻成為征服西方的羅馬人」，日本武士原本也是武裝農民，後來才騎馬作戰，而這種騎馬文化也衍生出農馬、耕馬與輓馬這些擔起粗活的馬匹，為每個村子提供足夠的勞動力。

之所以會出現許多待馬匹如待親生兒子般的故事，是因為一匹馬就能提供撐起一家生計的勞動力，而且是否為獨當一面的武士，也可用馬匹的數量判斷，這種武士的馬匹文化也將日本帶入武家政治的時代。等到日本出現現代化軍隊之後，日本人立刻嫌日本馬太過矮小與溫馴，也開始替日本馬重新配種，最後才得到強悍精壯的軍馬，也傾全力讓騎兵成為現代化的軍隊。

〈楳嶺花鳥畫讚 系櫻・啄木鳥〉楳嶺

〈露草、雞與雛雞〉葛飾北齋

鳥與日本人

鳥的種類其實比想像中多得多，實在很難一言蔽之，例如杜鵑是為了附庸風雅而養、雞則是實用家畜、老鷹是打獵的夥伴、小鳥是賞趣動物，但孔雀就不知該從何歸類。

光是與杜鵑、黃鶯有關的詩歌或文學作品，大概就能整理成上下兩卷的單行本吧，這些詩歌與作品可是日本文化的精髓之一，放眼全世界，沒有國家能在詠嘆鳥類這件事與日本比肩。

將老鷹當成打獵夥伴的國家不只有日本。利用老鷹打獵的狩獵文化歷史悠久，比起天皇或將軍以老鷹打獵的豪奢風景，鷹匠（馴鷹師）馴化如此猛禽的絕技更是令人讚嘆。相較之下，雞就有點特別，因為雞一開始並不是養來吃的，而是充作時鐘或鬥雞之用。反觀鳥類寵物化這點，從小鳥的飼養到鸚鵡、鸚哥的賞趣，日本在這方面的文化已達舉世無雙的地步。

〈楳嶺花鳥畫譜 海棠・孔雀〉楳嶺

蛇與日本人

為什麼「青大將」（日本錦蛇）這種蛇要命名為青大將呢？正確來說，這種蛇的顏色是深橄欖色帶褐色才對，而橄欖色明明是偏黃的綠色或深綠色，所以不管如何，絕對與藍色無關，不過名字裡的「大將」的確符合這種日本最大級的蛇。

青大將雖然代表日本的蛇，但名聲同樣響亮的蝮蛇（日本蝮）是種讓人避之唯恐不及的毒蛇，所以青大將很難獨佔「日本代表」的寶座。此外，蟒類的「蟒蛇」雖然也很有名，但其實未於日本棲息。蛇的日本舊名為「口蠅」，相傳是源自「朽繩」這個發音，若真的與「繩子」有關，這種很嚴謹的命名方式也充滿了日本色彩。

另一方面，日本的確有些地方將蛇當成「蛇神」，但主流的宗教並未將蛇視為「邪神」。民間常將「龍」與「蛇」混為一談，但龍絕對不是大蛇，也不是蛇的完美形體。日本人多半怕蛇，討厭的人也不少，將蛇放在手上端詳時，就能了解這種感覺，這也是蛇被賦予一定的地位（如尊為蛇神）的理由。

『The serpent with eight heads』
told in English by B.H. Chamberlain 他

〈本朝忠孝鑑　孝子與作〉芳年

〈大和繪tsukushi〉
菱川吉兵衛（菱川師宣）

〈龍宮玉取姬之圖〉國芳

龍與日本人

每個時代都有「龍現身」、「我也看過龍」、「當時是在這樣的情況下看到龍」的記錄，《甲子夜話》或《閑田次筆》甚至有就近觀察與觸感的記錄，而傳說中的龍也是威風凜凜的美麗生物。

「到底龍是否真實存在？」面對這個問題，得先回到留下這些記錄的人是否可信這個問題，因為日本人向來將龍信奉為神，不曾懷疑龍的存在，也十分尊敬龍。

西方人直到現在都將龍（Dragon）視為惡魔，所有東西都會被牠吐出的地獄之火燒毀，也是只有英雄才能制伏的大怪物，但對東方人，尤其是日本人而言，龍是「神龍」，也是「海神」，絕非惡龍或毒龍。假設龍是真實存在的生物，日本人應該會抱著敬畏之心就近觀察，不會感到害怕才對，龍也的確是如此神祕的存在。

狸與日本人

「狸」（狸貓、狢）這個字寫成「里」與「犭」，而這種寫法其實充滿了日式幽默，讓人有種小糊塗的親切感，也有許多與狐狸的妖豔形成對比的元素。

其實日本有很多關於狸的故事，例如狸會在人類住家附近閒晃，若是偶爾餵牠們食物，最後會連老婆、小孩，全家都帶來，跟人類成為好朋友。

除了日本之外，西伯利亞、中國、韓國都見得到狸的蹤跡，但很少日本人會去注意這個事實，因為日本人向來認為狸是「自己國家的動物」。話說回來，日本人對狸會爬樹捕食猴子的生態沒什麼興趣，反倒是時至今日還在在意「狸真的會幻化為人類嗎？」這類問題。或許是因為這層幻想，所以「老狐狸」這類罵人奸詐狡猾的字眼才會讓人覺得有點親切。

〈新形三十六怪撰 茂林寺的文福茶釜〉芳年

〈新形三十六怪撰
武田勝千代月夜擊老狸之圖〉芳年

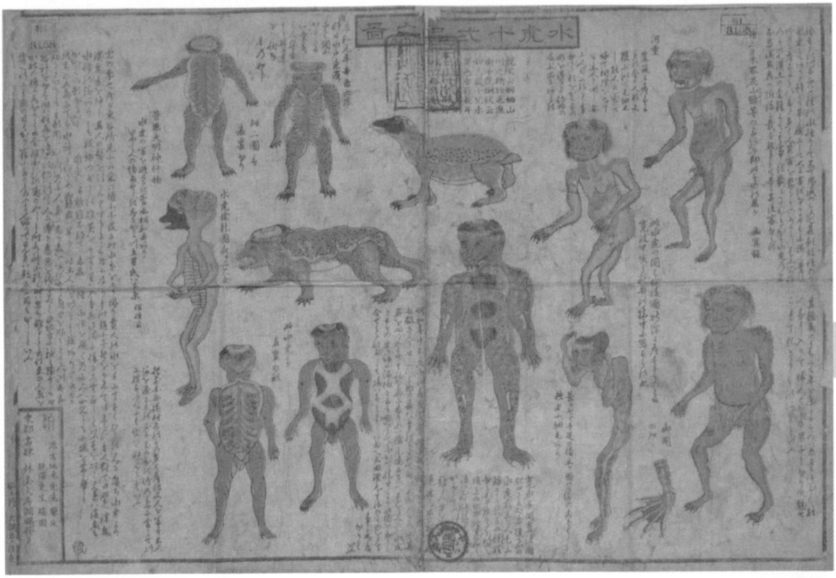

〈水虎十貳品之圖〉坂本浩雪老師鑑定 其他

〈和漢百物語 白藤源太〉一魁齋芳年

河童與日本人

若將「惡鬼」、「天狗」、「河童」這類潛入人類社會生活（？）的超自然存在分類為「怪類」，那麼其中又以「河童」最沒有宗教色彩，也最有世俗的人味。雖然河童與惡鬼、天狗都是日本的怪物，卻沒有任何權威可言，除了日本，幾乎找不到與河童類似的怪物。

到底河童的真面目是什麼？為什麼只有日本才有？假設河童是一種於日本各地棲息的生物，那麼從牠身上的殼、手上的蹼以及長年在水邊生活這幾點來看，牠應該屬於兩棲類的生物吧。自古以來，河童都被當成鱉、大青蛙或水獺，也常被視為與「水虎」相似的動物，將河童當成人類，也就是流浪兒也是不錯的主張，不過這些分類都沒有牠頭上的「盤子」、「喜歡相撲」、「身上帶著靈丹妙藥」、「會拉馬尾」、「會搶走人類的尻子玉」這些特徵，可見河童還是純日本產的未註冊動物。

日本萬獸物語◎目錄

第一章

與神話一同揭開序幕的「日本」

古代～平安時代

第二章 人類與動物成為夥伴的時代
鎌倉時代～室町時代

第三章 從京都到江戶，文化重心大遷移的時代
江戶時代

※本書介紹的畫作名稱、作家姓名皆以出處的標記方式為準。

專文導讀

陳賜隆／臺北市立動物園保育研究中心輔導員

人類的生存和動植物息息相關，沒有動物，人類是完全無法單獨生存下去的。也因此每個民族和周遭出現的動物，或為了躲避猛獸的攻擊，或為了捕獵做為食物，或因恐懼害怕觀察不仔細而產生誤解，或為了馴養作為家禽家畜或陪伴動物，衍生出各種不同的故事。日本人也不例外，從各種古籍、神話、傳說、文學和繪畫裡，都可以看到很多動物的存在。例如在日本家喻戶曉的民間傳說中，桃太郎就帶著狗、猴子和雉雞去消滅妖魔鬼怪。走在日本街頭或商店甚至神社，也不難看到貓、狗、鳥、狐狸和狸貓的角色和商品。

本書是被譽為日本動物研究界第一把交椅的實吉達郎所著。他蒐集研讀日本各種古籍、文學繪畫和神話傳說，詳實記錄出現在日本從古至今出現的各種動物。從海裡大型的鯨魚，到山中的熊、狼、鹿和山豬，出現在里山的狐狸、貉、獼猴和蛇類，出現在空中或森林的飛雁、猛禽、雉雞和杜鵑，經人類馴養的貓、狗、雞、馬和蠶，到一些目前還無法查證的八岐大蛇、三隻腳的八咫烏、河童和雷獸等等。作者旁徵博引古籍文獻，以其對於古今和洋各種動物的豐富知識，從其動物特性、傳說或故事、與人類的關係或其實用功能角度著眼，去解釋說明這些出現在日本歷史具有重要意義的動物，其可能性、合理性和故事性，在不同時空背景下和人類關係的演變。

人類常會將不熟悉或畏懼害怕的動物巨大化或妖魔化，有些動物出現在日本歷史中也不算例外。例如書中出現的八岐大蛇、能擄走人類小孩的猛禽或是巨大的狒狒。有些動物雖有具體寫實形象，如狐狸和貉（狸貓），但在日本人歷史裡卻是會施行幻術的動物，而有狐七變狸八化的傳說。本書也可以看到某些動物跟日本人的歷史淵源，如貓是中國傳進來，又或近代才引進的澳洲野狗、鱷龜和黑豹。另外也可以看到有些動物在日本的滅絕史，例如日本狼和水獺，可以在短短的數十年就消失在日本國土上，想必喜歡動物的日本人也是懊悔不已。

本書雖然涉及很多日本神話和從古至今各種時代，尤其是戰國時代的歷史人物，或許不是我們所熟悉，但從作者努力鋪陳說明下，每一篇都是一個獨立故事和動物考據，即便不了解日本歷史、地理和人物下，也可以認識各種動物在日本人歷史中有趣的神話傳說和故事，如果引起讀者興趣，再去深入了解日本歷史、地理、人物、文化和傳統，想必是作者衷心期待。

礙於篇幅，作者只能介紹相對比較大型，比較熟悉的哺乳動物為主，要不然在爬蟲類或兩棲類也有很多動物，如大山椒魚、蠑螈、龜類和毒蛇，在日本的歷史或文化裡面也佔有一席之地。但即便如此作者也洋洋灑灑羅列超過30種動物在不同時代出現所扮演的角色，以作者博學多聞，善加考據和引經據典，增加很多可看性、正確性和趣味性，對於喜歡日本動物和日本文化的人，這是不可錯過值得一讀的好書。

第一章

與神話一同揭開序幕的「日本」

古代～平安時代

國之初始的畫。〈神代物語〉（松村武雄著[他]／建設社）

與神話一同揭開序幕的「日本」

若問日本古代是從哪個時代開始，於哪個時代結束，大部分的人都會回答是從神話時代到繩文彌生時代，但是要往前回溯多遠的歷史，才能確定「日本這個國家是從何時揭開序幕」的呢？

對於學過生物學的我而言，日本這個國家是從日本列島仍與現今中國大陸領土緊緊相依的太古時代開始。當時的日本列島除了有大搖大擺四處閒晃的日本龍與三笠海怪龍這類恐龍，等到日本列島脫離中國大陸後，與大陸同種的熊、豬、狼、鹿、猴子就進化成日本列島的原生種。舉例來

三貴子之畫。節錄自《少年日本歷史讀本　第一篇》（萩野由之編／博文館）。

說，源自大陸的普通獼猴，但屁股更紅，體型更圓滾滾的日本獼猴就是當時的原生種，因此我希望將那個時代列入日本的「古代」。

當日本列島與中國大陸分離後，日本列島「已有」古代日本人，其根據之一就是從大平山元I遺跡出土的土器。這項土器大約是一萬七千年之前的器物，是證明當時的人類已經懂得熬煮食物的證據（因為有碳化物在土器內側），也是日本為世界最古老國度的證據。

假設這個證據與《古事記》記載的神世七代一致，那麼日本國應該比天之御中主神或宇摩志阿斯訶備比古遲神的神代更為久遠。相當於日本的亞當與夏娃的是伊邪那岐與伊邪那美這對男女，而他們的故事結束時，恰恰是「日本國的開始」。

不過三貴子（天照大御神、須佐之男命、月讀命）出生後，在一片渾沌，不知有何生物的時候，永生的長鳴鳥叫著高亢的聲音，八岐大蛇這日本第一，或許也是宇宙第一怪物於《古事記》現身了。熊、烏鴉、老鷹、兔子以及其他動物也開始活躍起來。對我來說，皇祖神武天皇（日本初代天皇）出現，直到進入奈良時代、平安時代之前的神話時代與古代可說是充斥著各種動物傳說的時代。

比暴龍更強？太古鯨魚與其同類

一口吞噬暴龍的巨獸到底是誰？

在【侏羅紀世界】這部電影裡，從頭到尾就看暴龍肆虐逞威，正當我想著這電影該如何收尾是好時，池子裡突然躍出一條滄龍，張開血盆大口吞噬整隻暴龍。這完全是別出心裁的新結局，話說時至今日，要是再以軍隊或火箭炮收拾「暴龍」那就太老套了。

大部分的人可能以為滄龍也是恐龍的一種，但其實滄龍為滄龍屬，在古代被稱為海生大型爬行動物，目前尚不知道牠們的祖先是誰，所以將牠們歸類為極早期的蜥蜴類的子孫。滄龍約莫是在侏羅紀（約一億九九六十萬年～一億四千五百萬年前）之後的白堊紀（約一億四千五百萬年～六千六百萬年前）出現，全長為九公尺，體型算是十分巨大。

從滄龍到鯨魚

等到恐龍與海生大型爬行動物的時代過去，進入始新世（約五千六百萬年～三千九百萬年前）之後，帝王蜥蜴這種新的巨大動物出現了。由於這種巨大動物的全長有十八公尺，所以美國的古生物學會將其歸類為滄龍屬，也命名為帝王蜥蜴。這種帝王蜥蜴是在一八四二年出土，出土地點為美國的阿拉巴馬州。經過英國權威理查・歐文

照片：已滅絕的滄龍全身骨骼標本。

鑑定後，證實這種帝王蜥蜴為鯨類，所以目前已改名為械齒鯨（龍王鯨）。

從復原圖來看，這種械齒鯨會為了從鼻孔噴氣而後退，但前腳已退化為鰭狀的「鰭腳」，也沒有後腳，身體的後半部與尾部也變得非常長。

鯨類就是如此成立的，而鯨魚也是從古至今最大的動物。鯨魚大致可分成兩大類，一種是抹香鯨、虎鯨、海豚的齒鯨亞目，另一種是長鬚鯨、小鬚鯨、露脊鯨的鬚鯨亞目，械齒鯨這種古鯨亞目早已滅亡。

勇敢對抗巨大鯨魚的日本人

美國古脊椎動物學者內德・科爾伯特曾寫到，這種大象、河馬、犀牛、恐龍都難以匹敵的巨獸，在距今約二百～三百年為止「都是成群結隊，於七個大海之間巡游的生物」但是人類卻從很早之前就開始追獵這些鯨魚。

就古代人類的文明以及漁具的不足來看，捕獵鯨魚可說是有勇無謀的行為，但隨著成功率年年增加，鯨魚這個族群也瀕臨滅絕的危機。

尤其居住環境四面環海，到處都是小島與海岸的日本人早在神代就已是捕鯨民族，單憑船不成船的竹筏與魚矛，就敢對體型如此碩大的動物窮追不捨，甚至給予最後一擊。

當時捕獵的對象通常是較為溫馴，比較容易捕到的露脊鯨。江戶時代中期編撰的《和漢三才圖會》也寫道「長鬚鯨、藍鯨、鰮鯨、露脊鯨、座頭鯨之中，以露脊鯨（背美鯨）最佳」。而且當時的露脊鯨通常都是超過三十公尺以上的龐然大物。同書也寫到「十三尋（約二十三・四公尺）的鯨魚可得二百斛油（約三萬六千公升）。「捕到一頭鯨，七濱皆熱鬧」或「一尾二百兩」會成為當時的順口溜也不足為奇。

當日本人熟悉原始捕鯨法之後，沒多久就組成十幾人共乘一船，一次數十艘船出港的船團出海捕鯨。即使對手是脾氣凶暴的抹香鯨，還是會用尾巴從邊緣將漁夫搭乘的小船拍沉的長鬚鯨，這些日本人都毫不畏懼，因此從戰國時代到江戶時代初期，日本人都是世界一流的捕鯨民族。

若從古代捕鯨史的角度來看，《古事記》的神倭伊波禮比古命（神武天皇）在宇陀戰勝兄宇迦斯、弟宇迦斯之時，也曾詠嘆下面這首歌。

在宇陀的高城佈下捕鴨的陷阱　並且耐心等待　未料沒捕到鴨　卻捕到鯨魚

這裡的「鯨魚」在日文也寫成「勇魚」，我第一次閱讀《古事記》的時候，才知道「鯨魚」在日文還可讀成「isana」，但現代日本都只讀成「kuzira」。這首詠嘆初代天皇事蹟的短歌居然是以鯨魚為核心，可見比起現代，這種巨大動物在古代更接近日本人的日常生活吧。

日本神話裡的大怪物．八岐大蛇的真面目

「八岐大蛇＝怪龍」的說法如今已成小眾？

因不從父命而被逐出高天原的須佐之男命在出雲之國的肥河上游收伏了八岐大蛇。與差點被八岐大蛇吞食入腹的櫛名田比賣結婚後，便在此地創建國家。

到底這八岐大蛇是何方神聖呢？要把它解釋成某種「怪龍」還真讓我煞費苦心啊。

因為《古事記》或《日本書紀》這類神代史、神話傳說的研究學者都把以大怪物之姿登場的八岐大蛇解釋成其他類型的生物。

例如有的學者將八岐大蛇解釋成在古代社會擁有極大勢力的八個土豪，或是從八方流入肥國的洪水與不斷氾濫的河川，這種種解釋都拒絕承認「八岐大蛇＝怪龍」這種說法。會如此眾說紛云，全是因為對八岐大蛇的介紹或描寫太過怪異。傳說中，八岐大蛇的身體有八座山與八座谷合起來那麼大，光是體表的青苔就厚得足以長出杉木與檜木，肚子則流著鮮紅的血液，身體雖然只有一個，但尾巴與頭卻有八個！

看到這種介紹之後，我最先想到的是倖存的八頭恐龍，但就算恐龍是溫血或半溫血動物或是長了羽毛，恐龍滅絕的時代與日本古代最少差了七千五百萬年，就算有倖存的恐龍，也應該已經進化成現代鳥類的模樣，無法稱為恐龍。不管頭有八個還是只有一個，都無法活到現在吧。

於日本神話登場的「龍族」

若我們把八岐大蛇假設成神話世界裡威風凜凜的「龍族」，會得到什麼結論呢？

我曾抱著打破砂鍋問到底的精神想過這個問題。假設八岐大蛇真是八頭龍，那幸運的是，有一位超級資深的老前輩已做出非常類似的結論。這位老前輩就是民俗學之父柳田國男。他認為八岐大蛇就是「古龍王」。例如在《古事記》裡，海幸山幸的故事原型火遠理命曾於綿津見神的宮殿與豐玉毘賣成婚。「綿津見」的意思是「海」，所以豐玉毘賣的父親綿津見神就是海神，而且既然能率領所有的魚族與支配眾水，就一定是所謂的龍。火遠理命的山幸彥其實就是浦島太郎的先驅，而豐玉毘賣不正是浦島太郎裡的乙姬嗎？此外，豐玉毘賣在生下火遠理命之子「鵜葺草葺不合命」之後才露出本性，原來豐玉毘賣就是八尋和邇[1]。雖然要將這位和邇解釋成短吻鱷或鹹水鱷是有點牽強，但若是把綿津見神視為龍神，那豐玉毘賣就是不折不古的龍神之女，本身也是龍神。

此外，鵜葺草葺不合命就是神倭伊波禮毘古命（神武天皇）的父親。

[1] 八尋和邇的和邇在日文讀成「wani」，而這個發音在日本書紀寫成「鰐」這個漢字，暗喻八尋和邇有可能是鱷魚的化身。

Published by T. HASEGAWA, 38 Yotsuya Hommura, TOKYO.

八岐大蛇的畫。
節錄自《The serpent with eight heads》（told in English by B.H. Chamberlain/T. Hasegawa）

雖然是到了景行天皇的治世才出現這個故事，但根據《日本書紀》記載，伊吹山的神曾幻化為蛇，仁德天皇在位之時，吉備中國的川島出現了巨蛟，許多人都因這頭毒龍喪命。笠臣祖縣守涉水降服巨蛟後，整條河川驟變血色，這與須佐之男收伏八岐大蛇的情節極為類似。

由此可知，在日本神話之中，既有聖龍也有惡龍，這兩件事也都是在仁德天皇的治世下發生，日後也於各地出現類似的事件。

擊退惡龍是典型的英雄傳說？

通常八岐大蛇都被畫成龍，而不是蛇，但是八顆頭、一個身體、八條尾巴，以及身體異常龐大的這類特徵，不僅在全世界找不到足以類比的怪物，就連在日本史裡，也只在須佐之男的英雄傳說出現，後續再也找不到類似的怪物。

如果要在其他國家的傳說尋找類似的怪物，那麼大概只有希臘神話的九頭蛇足堪比擬，若從故事的主題來比較，則大概是屬於柏修斯與安朵美達的類型。此外，若降服八岐大蛇的情節只在須佐之男命與櫛名田比賣成婚的故事出現，這類型的故事將更具說服力。

九頭蛇被認為是水蛇，長年棲息在勒拿的沼澤，經常蹂躪阿爾戈斯這個地區，傷害人畜性命。

此外，九頭蛇的英文是「Hydra」，水螅就是以這個英文命名，不過這個命名與九頭蛇無關，主要是源自希臘神話的知名怪物。水螅具有五～七隻觸手，但最多只能伸長二、三公分，放大之後，看起來很像是海葵。是大怪物九頭龍大幅縮小後，以實際存在的生物為名的動物。話說回來，連天下豪傑海克力斯都得使出全力才能降伏，九頭龍的身體絕對非常巨大，或許有十公尺、二十公尺，甚至是三十公尺，到底有多大就任君想像。海克力斯邀來姪子伊奧勞斯助陣，並以弓箭、巨劍與九頭蛇戰鬥。

九頭蛇之所以可拿來與八岐大蛇比較，在於有九顆頭這個部分，而且中間的那顆頭是不死之身，其餘八顆頭就算被斬下幾次都會沒完沒了地重新長出來。

海克力斯與九頭蛇作戰時，先以火箭將九頭蛇趕出棲息的沼澤，接著用力抓住對手，但是卻被九頭蛇的尾巴捲住，接著又被女神希拉（宙斯的妃子。宙斯憎恨阿爾克美娜產下的海克力斯）派出的大螃蟹夾住腳，但海克力斯立刻踩扁大螃蟹，並且斬下好幾顆九頭蛇的頭，只是九頭蛇沒有半點準備倒地的跡象，於是伊奧勞斯立刻用火把燒灼九頭蛇脖子的切口，避免九頭蛇的頭再生，海克力斯才有機會將中間那顆不死的頭壓在巨岩底下。被壓得無法動彈的九頭蛇雖然無法再次危害，卻也因為是不死之身，之後只能活在這塊巨岩底下！

以上是英雄傳說「海克力斯十二試煉」的第二項試煉，如果還要寫續篇的話，請務必讓九頭蛇從巨岩底下重現江湖。

柏修斯也是勇氣不遜於海克力斯的希臘神話英雄，曾將看一眼就能讓人石化的梅杜莎的頭放在袋子裡，準備獻給國王波呂提克斯，沒想到途中在衣索比亞的海岸遇見被拴在石頭上的一名少女。這位少女就是公主安朵美達，

柏修斯的畫。〈柏修斯救出安朵美達〉（皮耶羅·迪·科西莫1510年）。

柏修斯利用袋中的梅杜莎讓準備將這位少女當作活祭吃掉的海怪石化。

這隻海怪只是寧芙帶來的「海中怪物」，未提及名字，也沒描述長相。

柏修斯後來與安朵美達成婚。這個故事很有名，所以英雄救美的故事常被歸類為柏修斯與安朵美達的類型，後續也有不少擊退惡龍的英雄例如齊格弗里德或聖喬治這類勇士出現。

攻擊神武天皇軍隊的謎之毒熊

神武天皇行軍時，發生了怪事？

在神倭伊波禮比古命，也就是神武天皇東征的故事裡，神武天皇的皇兄彥五瀨命在東征途中喪命。彥五瀨命在紀之國男水門瀕死之際高亢大喊：「我們是日之神子，怎可朝著太陽的方向戰鬥，之後就背對太陽戰鬥吧！」後，神倭伊波禮比古命便讓東征軍轉向，討伐強敵長髓彥的大軍。待行至熊野村之後，神倭伊波禮比古命的陣中突然發生空前的怪事。

原來，陣中突現一匹大熊，但不是為了襲擊人類才從深山出來。根據《古事記》記載：「大熊出現後，一下子就消失，因此沒人傷亡。」神倭伊波禮比古命與部下都沒人受傷。再也沒有比這史無前例的怪事更加詭異的事了。

現代認為這隻熊是性情溫和，不會隨意傷人的亞洲黑熊，但日本人與亞洲黑熊的相處方式早已與過往不

八咫烏引導神武天皇的畫。取自『神武天皇東征之圖』（安達吟光畫）。

同，所以上述的定論可能不太可信……

一把明劍展現的神蹟

於此時現身的熊忽隱忽現，舉止詭異，與日本人熟知的熊完全不同，不禁讓人認為這是隻妖獸。根據《古事記》記載，神倭伊波禮比古命與部下看到這隻熊後，「忽感頭暈目眩，全軍也頭昏」，紛紛倒地。佐脇嘉久曾將《古事記》改寫為適合兒童閱讀的《淺顯易懂的日本神話》（やさしく書いた日本の神話），他在書中將這段故事改寫成「從熊野惡神化為的妖物向神武天皇與其部下吐出毒氣」。

由於此刻全軍臥病不起，若遭長髓彥率軍攻擊，恐怕會全軍覆沒，正當危急之時，突有一名當地豪紳又或是在地重要人士——名為高倉下的人突然現身，並向神倭伊波禮比古命獻上一把明劍，神倭伊波禮比古命便「啊～」的伸了伸懶腰（原書沒寫這部分），說道：「真的睡了太久了」。神倭伊波禮比古命還真是

從睡夢中醒來的神倭伊波禮比古命的畫。
取自「神代的日本」（younen社）。

性情悠哉啊。假設要將身為皇祖的神倭伊波禮比古命視為英雄，自然得如此描述他吧。

據說接下明劍的神倭伊波禮比古命立即拔劍出鞘，向四周揮舞幾下，為害熊野的惡神便被一一斬倒，臥病不起的士兵也跟著恢復意識。既是英雄，就無需拔劍與亞洲黑熊對戰了吧。

雖然故事主角的亞洲黑熊早已退場，但這黑熊若是熊野惡神派來的毒熊，那麼高倉下就是照看皇孫神倭伊波禮比古命的天照大御神派來的使者。天照大御神命令建御雷神助神倭伊波禮比古命一臂之力時，建御雷神回答：「即使我這小神不去，也還有布都御魂這把明劍，就讓高倉下帶著這把明劍前去助陣吧。」天照大御神對神倭伊波禮比古命伸出援手的故事就於書中這一節有詳細記載。在天孫征戰（由天照大御神的子孫發動的征戰）的故事裡，還有天照大御神派出的八咫烏與金鵄相助，而這些使者全是在神倭伊波禮比古命快要全軍覆沒之際現身。

「因幡白兔」那令人難以置信的真面目

這是踩著海鱷背渡海的白兔。取自《少年日本歷史讀本 第二篇》（萩野由之編／博文館）。

為渡海而心生一計的白兔

繼須佐之男命成為《古事記》主角的當然是大國主命。話說回來，大國主命的故事開場居然是隻在童話故事才會出現的「因幡白兔」，還真是讓人覺得有些唐突。正當大國主命陪著八十名兄長（八十神）前往因幡向八上比賣求婚時，這隻白兔便對大國主命預告：「八上比賣肯定會成為你的妻子」。雖然這隻白兔是為了說這個預言才在故事裡登場，但牠的一舉一動卻充滿了童話的色彩。

這隻白兔想從隱岐島渡往因幡，卻苦無渡海之策，於是騙海裡的海鱷：「你們要不要跟我比比看，誰的夥伴比較多」，結果海鱷真的笨得從島的這一端一直排到本土這一側，白兔也趁機邊數海鱷的數量，邊跳過一隻隻海鱷的背上，但沒想到的是，白兔居然在跳過一隻隻海鱷的背上時，嘲笑海鱷：「你們都被我騙了啦，耶～」其實白兔明明可以抵達本土的氣多岬再這麼做，卻沒能憋住心裡這股得意，看來白兔雖然嘴上工夫高明，骨子裡卻是個笨蛋。海鱷一怒之下，便把這隻兔子的毛整隻剝下。

八十神與大國主命遇見的就是全身被剝掉毛皮的白兔。這場景雖然悲慘，但更令人在意的是，故事裡的海鱷到底是何種動物？這地區很難看得到真正的鱷魚，數量也不可能多到能排成一條海路，因此這鱷魚只能是鯊魚，山陰地區早期將鯊魚稱為鱷魚也有所耳聞。

白兔的真面目是被脫掉衣服的人類

不管這海鱷是鱷魚還是鯊魚，為了洩憤而將剝下白兔全身毛皮的行為也不太合理，因為只要其中一隻海鱷張口一吞，就足以將白兔生吞入腹了吧。

《古事記》的原文是「我被剝走衣服（白兔身上的衣服被剝走）」。換言之，白兔只是幌子，真面目其實是人類。也有人認為，如果海鱷也是人類，那麼海鱷與白兔用人類的語言對談，或是白兔對八十神或大國主命述說自己的慘境，也就沒那麼不可思議了。一說認為，白兔寫成「素兔」，有裸兔之意。

但話說回來，被剝掉渾身毛皮的白兔又怎麼會赤裸裸地等在路邊呢？如果是年輕人被脫得全身赤裸，肯定會羞得躲起來吧。

也有意見認為這是海鱷一族與兔子一族在比賽哪邊的數量較多，結果兔子騙了海鱷與遭到報復，最後由第三族的人類溫情相助的故事。但這種解釋有種越描越黑的感覺，因為八十神怎會不分青紅皂白地叫白兔去海裡洗浴

大國主命與白兔的畫。取自《少年日本歷史讀本 第二篇》（荻野由之編／博文館）

2，這難道不是在惡作劇嗎？而且海鱷已經不在海裡了嗎？白兔被脫掉衣服時，也沒說自己受傷了，所以八十神沒有理由如此戲弄白兔，大國主命更沒有傳授白兔療傷方法的必要。

閱讀這個故事時，犯不著理會那些枝微末節的劇情，將重點放在動物與人類互動的童話部分就好，因為再怎麼說，兔子在故事亮相可是日本史首見。假設故事裡的兔子真是兔子，那也應該是隱岐野兔。這種兔子的習性為夜行性，夏天毛色轉褐，眼睛並非紅色，所以將「因幡白兔」畫成紅眼兔子絕對是錯的。

一如早期歌謠裡的「肩上揹著大袋子的大黑天來了之後……」歌詞，大國主命也因神佛習合信仰而與大黑天習合（就是與印度濕婆神同一神格的大黑天Mahākāla。mahā的意思是「大」，kāla的意思是「黑色」，而大黑在日文裡又可讀成大國主命的大國（daikoku））。因此明明是準備向八上比賣求婚的大國主命就被畫成留著長鬍鬚，一臉福相的老人。如今總算還神話裡的大國主命一個公道，讓大國主命恢復正直開朗的青年之身，肩上的大袋子則裝滿八十神這些兄長的行李。

大國主命與八上比賣順利成婚後，便擺脫八十神隨從的身份，變得比較偉大。兔子也預言了這件事，看來兔子在得到大國主命的幫助後，旋即成為了先知。就連《古事記》的原文也將兔子寫成兔神，而且山陰地區還真有白兔神社或兔大明神存在。到了平安時代，在日本神話登場的兔子也在被稱為「全世界最古老的漫畫」的《鳥獸戲畫》與青蛙、猴子一起登場，至於在〈龜兔賽跑〉、〈咔嚓咔嚓山〉[3]這些耳熟能詳的故事裡登場，那就是更近代的事了。

[2]依《古事記》紀載，八十神遇到被剝皮後的白兔，告訴牠去海裡洗浴，但鹽水反而讓傷口更痛，而大國主命教牠用河水沖洗再於花粉上滾幾圈後就恢復了，故白兔向大國主命說了那個他會與八上比賣結為連理的預言。

[3]咔嚓咔嚓山是兔子幫助老爺爺、老奶奶教訓偷蕃薯的狸貓的故事。

猛禽擄走人類小孩的故事是真的嗎？

差點被鷲抓走的名僧・良弁

奈良時代的名僧良弁僧正是一位被尊為華嚴宗第二知名的大師，於持統三年（西元六八九年）在相模國出生，家族為百濟氏。師承義淵僧正的他在相模國曾有一段故事。

某日，義淵僧正見到有隻鷲（鵰）停在東大寺的杉木上，腳上還緊緊抓著一名兒童。

於是僧正指著鷲大喊：「大家快來看，鷲要抓走小孩了！」

於是眾人便吵吵鬧鬧地聚在杉樹底下，鷲也嚇得把小孩放在樹枝上，逕自飛走。僧正讓寺裡的雜役爬上杉木一探究竟後，發現小孩就卡在樹枝之間，而且毫髮無傷。

義淵後來領養了這位遇到奇蹟的小孩，也為他剃度。這就是高僧良弁的成長過程。

這段由《日本靈異記》、《今昔物語》傳承至今的怪談有可能是事實嗎？

被鷲擄來的小孩（據說當時僅二歲）被安放在高聳的杉樹之上？這情節聽起來就不太可能，因為被鷲的爪子緊緊抓在半空中的時候，小孩怎麼可能毫髮無傷。

鷲被民眾嚇到，而被小孩放在杉木上的過程雖然讓人覺得不太對勁，但大部分的人都聽過「鷲會擄人」的傳聞，所以在良弁被義淵所救之前，都對這個傳聞信以為真。不過這個怪談的確有讓人起疑的理由。

鷲擄走人類前所未聞？

鷲與其他大型猛禽就算長得特別健壯，也很難搬運三～四公斤以上的物體。雖然西方世界本來就有許多鷲擄人的故事，不過為了知道鷲到底能抓起幾公斤的人，美國德州大學的布列蘭特教授特別做了實驗，也得到「金鵰最多只能抓起三～四公斤，而體型更大的鷲最多也只能抓起七公斤。就算鷲能抓起重於這個重量的人類或小動物，也無法運到其他地方」，他還舉出一七六三年，瑞士曾發生三歲小孩被鷲抓走，卻在八百公尺處墜落的例子。此外，俄羅斯學者尼可萊拜科夫曾留下用獵槍打下抓走小山豬的鷲，鷲因此墜落的記錄。當時這隻小山豬的體重低於三公斤。

拜科夫的目擊記錄是我這麼多年來，看了非常多本書與記錄之後，好不容易才發現的一個實例。每當提到這類記錄就一定會跳出來的美國環保協會奧杜邦則提出報告證實，在美國也有人花了很多年的時間，為的就是找到「鷲擄人的新聞」，但這些新聞沒有一件是事實。

日本其實也有不少與鷲有關的故事，例如少年或成年男子被鷲擄走，最終奇蹟般獲救的故事，或是奮勇與鷲作戰，最終將鷲擒於掌下的故事，以及拯救鷲的幼雛，長大後的幼雛回來報恩的故事。「良弁杉的由來」就是這類傳說或創作小說之一，而這當然是後世的人們為了讚揚這名名僧，才藉由這棵目前仍位於東大寺境內的杉樹大作文章。

其實這個故事後來還稍微加油添醋了一下，新增了良弁的母親為了尋找在二歲時，被鷲擄走的良弁，而於全日本四處走訪的橋段。這位年輕的母親像是獨自踏上朝聖之路般，不斷在積滿白雪的山路或是在肌膚猶如火焰焚燒的炎熱荒野拄著手杖，從黑髮找到白髮。最終總算遇到被眾多弟子、信徒圍繞，坐在華麗乘轎，身著錦銹袈裟的兒子，也就是良弁僧正的隊伍，

照片：曾被鷲擄走的良弁僧正。

良弁親子重逢的畫。《少年日本童話故事讀本》（三浦藤作著／大同館書店）。

「你該不會是……」
「母親大人啊！」

這個故事就在兩人喜極而泣的歡樂場面中畫下句點。立正大學的中尾堯博士在《日本名僧辭典》之中提到：「良弁的傳說隨著向民眾講道募款以修建寺社等活動變得更為人所知」，但真正動人之處在於這類母子重逢的故事之中。

日本人與貓的相處其實沒想像中那麼久？

昔不如今！原來日本人與貓咪不親？日本人與貓的歷史

令人難以置信的是，《古事記》與《日本書紀》居然都沒提到貓。若是這兩本書出現閒暇之餘，天鈿女命將貓咪抱在膝蓋上坐，或是大國主命每次去入贅的老婆家時，老婆的愛貓都跑來迎接他的場景應該也不錯才對，問題是再怎麼細讀這兩本書，也找不到貓咪的身影。

若問最早與貓咪有關的文獻，應該就是宇多天皇的《寬平御記》（八八九年），其中提到宇多天皇非常疼愛遠從唐土渡海而來的黑貓。不過也有研究指出，貓咪最早的相關記錄可回溯至西元七百年左右，差不多是孝謙天皇在位期間的七四九～七五七年。《南總里見八犬傳》第二部也能看到「陪在主上身邊的御貓」這類敘述，這也是古代日本養貓的實例之一。這隻御貓最為有名的事件就是被名為翁丸的狗追得四處逃竄，引起一陣騷動後，被主上趕出宮門。整起事件全由清少納言的妙筆寫得活靈活現。上述的貓咪都是從中國渡海而來的唐貓。如果這些貓咪是中國皇帝遠道送來的寵物，那麼的確值得稱為御貓，不過在此真的不用太過計較「史料的真實性」。

早期的日本人也是貓奴！

日本其實從遠古時代就有野生的貓，距今一千萬年前的鮮新世就有貓咪的蹤影。過去曾在櫪木縣的葛生層、伊井谷層挖出名為*Felis microtis*的貓咪化石，而*Felis*是貓屬的學名。假設二十萬年前，原始日本人就在日本生活的話，那麼很難想像他們沒把日本原生的貓咪馴化為家畜。此外，在後續出土的貝塚或遺跡也發現了原始貓的化石，但與山貓或家貓都長得不太像，但也無法因為長得不像而斷言牠們不是日本貓的祖先，更何況這些古代貓可能都因為被馴化，所以才會長得「不像」現代的貓咪，所以若不與現生種的貓咪比較，就無法觀察更細微或更直觀的變化與差異，不過我相信，日本人會在不受大陸的影響之下，獨力將野生的貓馴化為家貓，因為我實在難以相信古代日本人看到可愛到無可挑剔的貓咪時，會是坐懷不亂的柳下惠！

當時還是農業、養蠶業尚不發達的時代，「所以沒有養貓咪抓老鼠的必要」，感覺上，唯物主義者會如此辯駁。但我認為，對古代日本人來說，貓咪也是非常可愛的小動物，連牠們不願順服人類這點也愛到不行，所以才把牠們當成賞趣動物看待。如果在當成賞趣動物飼養之後發現，原來這種動物還有抓老鼠的附加價值的話，那肯定是大為欣喜的吧，這種說法也比較符合史實不是嗎？

人類與貓咪若即若離的關係

放眼全人類，沒有任何民族無法接納貓咪這種動物，因為牠們只需要用剩菜剩飯就能餵飽，而且在某種程度上，貓咪還能自行覓食，不會造成飼主太多負擔，這種經濟實惠以及與人類和平相處的個性，怎麼能叫人不愛牠們呢。雖然有點離題，不過我曾與印第安人研究學者大給近達先生在南美與印第安人相處一陣子。我發現，他們的小木屋既沒椅子，也沒有衣架，連張木床都沒有，卻養了幾十隻鸚鵡，而且沒上腳鏈，也沒關在籠子裡，連手指猴都直接放養在小木屋裡。更厲害的是，他們居然將大食蟻獸的幼獸放在膝蓋上。我問她們能不能讓一隻白鼻

照片：靜靜坐在走廊的貓咪。

浣熊給我，我當然會付錢，但是當那位印第安婦女得知要賣掉自己的寵物時，還是邊哭邊說再見。看來這世上除了貓之外，還是有動物能與人類建立深厚的感情啊。

古代的天皇、女皇都對外來的稀有貓種情有獨鍾，有時甚至會任命一名專職飼養的女官，或是賜予貓咪從五位下的官職，只是當貓咪這種動物不再稀有，讓牠們過上好生活的故事也就不再稀奇，所以這些古代故事也漸漸地被埋入歷史的塵埃之中。

至此，連平民都會養貓咪，也非常注重貓咪抓老鼠的功能性，所以連偏遠小島或山中孤村都有人飼養。有走遍亞洲各國後，我發現了某種特殊的養貓方式。有些港灣、漁村的老鼠非常猖獗，甚至會跑到船上侵擾漁夫，於是漁夫們就在船上養貓，而這些貓幾乎不會再回到陸地，只會在船與船之間生活。這讓我突然想起某件事，那就是日本有三色公貓可保航海平安的民間信仰，讓我不禁覺得，該不會這個信仰是源自上述那種特殊的飼養方式吧。

鹿是神的使者？
「神鹿」文化根深蒂固的春日神社

野生的鹿為什麼能在奈良的街上昂首闊步，四處亂逛？

如今的奈良彷彿時間凍結，仍是座非常美麗的市鎮，而且更引人注目的是，這裡是走遍全世界也找不到第二個的神都「鹿之都」，不管是在車站正中央的樓梯，還是個人的車庫，都能看到「野生的鹿」堂而皇之地或坐或站，這幅光景怕是歐洲或北美的國家公園也難得一見。

這些「神鹿」的由來可從《古今著聞集》知其脈絡，話說這又是日本的厲害之處。其中提到：

鹿為春日明神之使，春日之神從常陸的鹿島，手持柳枝馭鹿降臨大和三笠山。欲入唐之高弁上人於《日本書紀》讀到此節，便往春日神社參拜，有鹿六十頭，屈膝伏地

奈良的神鹿便因為這段傳承而被保護至今，當然也禁止捕殺。春日明神這座神社是與天孫一同降臨的神之一族天兒屋命（日後的藤原一族）的降臨之地，因此從古至今，由這座神社飼養的鹿都被尊為神的使者。話說鹿為什麼會被視為神的使者或神獸呢？這是因為若往更古老的時代回溯，便會發現鹿與其他鳥獸一樣，都會在每年固定

照片：正在嬉戲的母鹿與小鹿。

某日做為活祭獻神。

早期這些當作活祭的野獸都是從山中捕來，等到「飼養文化」漸盛，獵人與獵物之間彼此適應後，人們便開始飼養一定數量的鹿，每年再從中挑出活祭的祭品，充滿血腥味的殺生習俗也漸漸走入歷史。

一如「神不悅無禮之祭」這句代表日本傳統美德的諺語，日本人不再殺鹿，而是野放於神域，人們也能在觀賞牠們的姿態時放鬆心情。

江戶幕府也曾保護神鹿

雖然被譽為神鹿，但鹿畢竟是野生動物，可不像「向晚，於小倉山中鳴叫之鹿……」這首古歌之中所詠嘆得那麼溫柔婉約。若是飼育的鹿，稍微觸摸一下是沒什麼關係，一旦雄鹿的鹿茸長成銳利的鹿角（antler）與進入發情期之後，就會具有攻擊性，有時候甚至會對一無所知的觀光客造成危害，所以春日神社自寬文十一年（一六七一年）以來，都會舉辦

「切鹿角祭典」。這項祭典的盛況每年都會登上電視新聞或報紙，想必有不少人知道。要應付鹿的「野性」，就只能將牠的武器（角）切掉了。

德川幕府也曾每年賜予春日神社五百石的俸祿，做為為保護鹿的資金，但還是無法避免鹿被偷襲的野狗傷害。此外，秀麗的奈良春日山也有野生的鹿，能與「春日明神的鹿」自由交配，所以放眼全世界，再也找不到這種鹿與人類的關係。

培里帶走的鹿去哪裡了？

鹿是反芻類動物的一大族群，英國動物學者德斯蒙德・莫里斯在一九六八年的調查指出，鹿分成四亞科、十七屬與四十二種，日後WWF（世界自然基金會）又發表了新物種，所以總數增至四十三種。在日本少年漫畫以「我是八丈島的山羌！」的梗闖出名號的山羌之一，就是在越南西部森林發現的印度山羌。這種印度山羌是全世界最小的鹿，體長不過一公尺前後，中國南部或台灣也有眾所周知的山羌，但這種山羌未於日本的八丈島棲息。

鹿也有體型碩大的類型，例如我在加拿大看到的紅鹿，體型跟馬差不多大。在過去水鹿（Sambar）曾是南亞最大的鹿，體重可達三百公斤之譜。這種鹿的角每年都會脫落與再生，但其中有些傢伙換角換得有點偷懶（？），也有兩年都不換角的個體。

那位因為黑船事件而知名的培里提督不知何故，曾在小笠原島野放上述的水鹿，導致這種水鹿成為當地的原生種，還被冠上「小笠原鹿」的名號。由於培里對日本的外交態度實在讓人難以恭維，所以我還記得學到這段歷史的時候，學校老師還故意教成「培里滿嘴口水地來舐日曬」[4]。

自古魅惑日本人內心的杜鵑

熬夜也想聽？杜鵑清囀的魅力

一般認為，杜鵑（小杜鵑）這種鳥會在夜晚，悄悄掠過月影而鳴叫，但其實這種鳥也會在正中午鳴叫。不過很久以前，就有熬夜也要等候杜鵑清唱的說法，連日本平安時代的女作家清少納言都曾隨筆寫下「在下著五月雨的黑夜裡等待再等待，總算聽到杜鵑那令人失了魂的歌聲。」另一個為人所知的是，加賀千代女[5]在夜裡痴痴等待那久候不至的杜鵑歌聲後，反而靈感湧現，寫出下面這首俳句。

杜鵑　杜鵑　漫漫長夜何時了　驀然已拂曉

美不勝收的綠葉、繞樑三日的杜鵑歌聲、令人垂涎三尺的初鰹

杜鵑擁有無數個別名、異名或詩名，連知名的俳句詩人正岡子規的「子規」都是杜鵑的別名之一。

[4] 培里的日文發音與滿嘴口水的發音很像。

[5] 江戶時代著名的女俳人，以歌詠自然與愛情主題聞名。

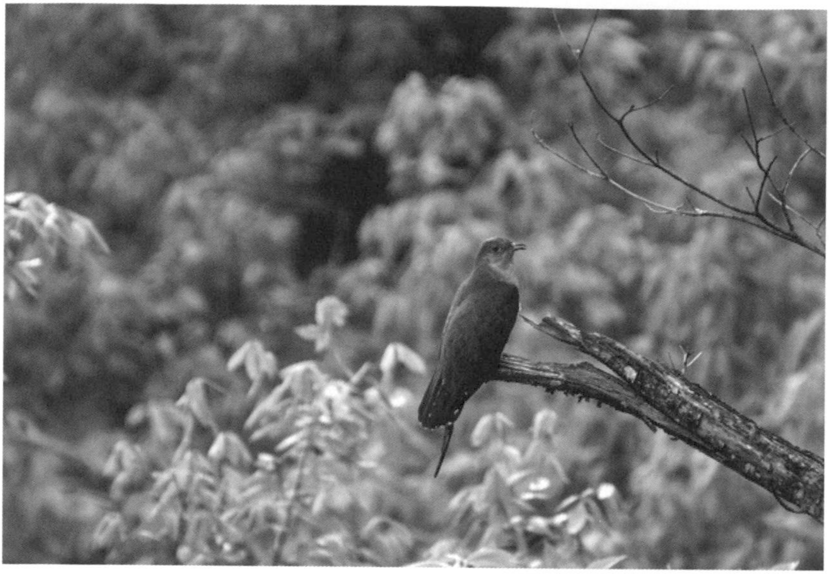

照片：輕輕地佇立於新綠枝頭棲息的杜鵑。

為什麼杜鵑的叫聲被譽為最想聽的歌聲，人們又為什麼對於牠的叫聲那麼執著呢？若說這是一種詩情畫意或風流，那些年又怎麼能跟最想先吃鰹魚這類只想滿足口腹之慾的粗俗說法扯在一起呢？因為江戶人對於初鰹[6]的執著或虛榮，其程度可是令人難以想像的。有些人甚至等不及載滿鰹魚的漁船回港，就半夜自行操舟，趕往漁船的所在地，在大喊「拜託！」之後，將一枚小判金幣丟上船，而漁師這邊彷彿唱起雙簧般，大喊「接著！」就把剛捕到的鰹魚丟到小船上，江戶人便「嘿咻嘿咻」，開心地划著小船回港，然後像是同時過著盂盆蘭節與新年般，熱熱鬧鬧地享受鰹魚。若問江戶何時有初鰹，那當然是五月，綠葉正盛之際，雖然綠葉不能算是名產，不過下面這句「名言」便於江戶時代流傳至今。

美不勝收的綠葉　繞樑三日的杜鵑歌聲　令人垂涎三尺的初鰹

為什麼世人都想一聽杜鵑歌聲？

杜鵑除了身上的羽色與老鷹相似之外，其姿態、羽色並未特別豔麗，體型也很嬌小。雖然動物研究學者都有一輩子要養一次看看的想法，但其實杜鵑是保育鳥類，也很難見其蹤影。身為候鳥的牠非常熟悉山林裡的生態，所以就算要抓，也很難抓得到。「既然這麼稀有又難抓，那也只好放棄了吧」，但其實杜鵑是托卵寄生性的鳥類，從來不自己築巢，所以更是難抓。

既然如此，至少可以聽聽牠的歌聲，過過乾癮吧，所以每到五月，我也仿效加賀的千代女或清少納言，仰頭望著高掛天上的月亮，熬夜傾聽杜鵑的歌聲，而且一學就是數十年。好不容易總算聽到兩三聲了！只是若問我那真的是杜鵑的聲音嗎？我只能催眠自己「那就是杜鵑的叫聲無誤」。

杜鵑都怎麼叫？目前沒有明確的答案，一般認為是「teppnkaketaka」，但有些人說是「honzon」、「honzokaketaka」或「hocchiokaketaka」的聲音，不管是哪種，都只是被刻意解釋為人類聽得懂的語言而已。雖說人類有鑑賞音樂的感性，但最多只能將寒蟬的叫聲解讀成「好可惜，再多想想」或是將黃鶯的叫聲解讀成「法華經」而已。順帶一提，雖說杜鵑於詩裡名高一世，但牠的叫聲真的有如天籟？我想也不盡然吧。

由於我是木耳，所以在我聽來，杜鵑的叫聲就只是一連串的「kekekikioka……kekekikioka」。「該不會是我沒聽清楚吧？」正當我準備靜心聆聽，這「kekekikioka……kekekikioka」的叫聲便已遠逸。在五月的靜夜裡緩緩飄向遠方的聲音真叫人難忘，又是那麼高雅脫俗。

[6] 春季至夏初，隨黑潮沿著太平洋海岸北上的鰹魚。江戶人為了面子，常不惜花大錢買下首次捕撈到的鰹魚。

杜鵑的叫聲與黃鶯（日本樹鶯）不同，不是那種很悅耳的聲音，所以在中國或日本，都被當成是生離死別的不祥之音。與杜鵑叫聲有關的民間傳說也通常很灰暗，例如被繼母虐死的兒子轉生為杜鵑的故事，或是錯手殺死弟弟的哥哥在死後轉生為杜鵑後，邊飛邊叫著「好想念弟弟啊」的故事。由於這類故事通常都很陰暗，實在令我難以接受。

大杜鵑是假扮成紳士的強盜

接著為大家介紹動物學者大島正滿博士在福島北部的安達太良山體驗杜鵑叫聲的記錄。

大島博士在聆聽杜鵑叫聲絕佳的季節記錄到「kiyo……kiyo……」這重覆兩三次的叫聲，而不是傳聞的「teppnkaketaka」，當然也不是「kekekikioka」。接著他繼續往山裡走，又聽到「kakko!……kakko!……」這個大家耳熟能詳的聲音，這是大杜鵑爽朗的叫聲。

當他準備下山時，山谷之間傳來「ponpon……ponpon…」有如敲打竹筒的聲音。這是杜鵑科筒鳥（中杜鵑）的叫聲。

大島博士似乎覺得能在同一個季節聽到日本三大名鳥的歌聲很是愉快。

這三大名鳥的叫聲雖然不同，但是羽色都有如老鷹，而且都是杜鵑科，所以都不會自己築巢，只會將蛋偷偷放進別隻鳥的巢中，讓別人幫忙撫養自己的小孩。這種手段有如「假扮紳士的強盜」般狡猾。舉例來說，大杜鵑會等到葦鶯築巢，準備生蛋的時候再跟著生蛋，牠的計謀就是這麼狡詐，適應力就是這麼強。當大杜鵑的雌鳥覺得自己快要產卵時，就會襲擊葦鶯的巢（一說認為，大杜鵑或杜鵑都長得很像老鷹，所以都會讓對手聞風而逃），

杜鵑的圖。取自『柔軟類多肢類一覽』（挑畫者：田中芳男、畫家：服部雪齋、最上孝吉、明治10年、文部省）

等到逼走葦鶯之後，便會闖入鳥巢，將葦鶯的蛋叼起來，然後直接蹲下來，將自己的蛋生在葦鶯的巢中，接著再叼著葦鶯的蛋揚長而去。而這搶來的蛋牠會用嘴啄破，把裡面吃得一乾二淨。

不管是大杜鵑、杜鵑還是筒鳥，牠們的卵都與要托卵的對象的卵很像，而且都大上一號。或許就是因為如此，黃鶯、葦鶯、白鶺鴒才會特別喜歡這些蛋，甘願做「養母」，幫忙孵育「別人的小孩」。而且這些「被偷放進來的養子」除了比親生小孩還要快孵化，還會用力將尚未孵化的「親生小孩」推出巢外，但葦鶯、黃鶯或白鶺鴒這些「養母」不會因此生氣，也不會把掉到巢外的蛋撿回來。「巢裡的卵當然要保護，但掉到外面，就不是我的卵。」這就是鳥類的習性。或許會有人覺得：「怎麼這樣！鳥類的世界難道無神無佛，也無正義與公平嗎？」但所謂的「托卵」就是這麼一回事。

被托卵的鳥類通常繁殖力較強，產下的卵也較多，所以不會被杜鵑或大杜鵑滅種，在大自然的世界裡，被害者或被迫承擔較多責任的物種通常都默默養成這般抵擋風險的實力。

稻荷神社的使者，狐狸與人類那密不可分的關係

稻荷神社的狐狸源自守護稻穗的益獸

一般認為日文「inari」這個字的語源是「稻成」（inenari），所以稻荷神社才祭祀狐狸？其實不是這麼一回事的。

在日本，狐狸的數量比山貓還多，養在家裡的貓也沒有守護稻田的習性，所以若問老鼠最害怕什麼，那當然非狐狸莫屬。狐狸是不吃米，也不會踐踏良田的雜食性動物，而且還是天生的抓老鼠高手。自古以來，人們相信稻荷神主司守護稻穗的職責，而狐狸就是稻荷神的使者，所以才會產生稻荷神社祭祀狐狸的「迷信」。

那麼稻荷神社到底祭祀哪尊神？總本社位於京都伏見的伏見稻荷大社是和銅三年（西元七一一年）由秦公伊呂具這位神明設置，祭祀的是宇迦之御魂神、猿田彥命與大宮女命這三尊神明。第一主神——宇迦之御魂神就是稻荷大神，有時候會以伊耶那岐命的孫子身份與久產巢日神之子豐受大神合祀，也被視為同一神格。上述這些神明都是稻穗或五穀的守護神，所以人們祭祀的是這些神，而不是信奉狐神。

對人們而言，偷吃稻穗的老鼠是害獸，而幫忙捕捉這些老鼠的狐狸則是益獸，所以每年為了「感謝勞苦功高的狐狸」，才以稻荷壽司（所有原料都是白米與大豆，而這些都是狐狸年年幫忙守護的農作物）為祭，請狐神享用

照片：於伏見稻荷神社樓門鎮守的稻荷大神。

這些供品，沒想到曾幾何時，反而變成人類享用稻荷壽司的大會。

狐狸真會幻化為人？

擔任宇迦之御魂神使者的狐狸非常敏捷有活力，肉與皮毛也都具實用性，所以很難抓到牠們，更何況狐狸的智慧遠遠高於人類，所以被視為與靈界溝通的橋樑。

這件事經過以訛傳訛後，狐狸就被傳成會幻化為人、會附身在人類身上，或是會使用靈狐術或驅使管狐的狐狸使者，甚至在明治末期之前，妖狐住在老家的故事還登上報紙的版面。某次我去演講有關動物的主題時，在場有位在現今財界小有名氣的某位紳士先說了句：「不好意思，我有個小小的問題想問」，接著張口便問：「狐狸會幻化為人類是真的嗎？」明明時代已進入平成與令和，這種故事早該以「哈哈哈，這是民間故事，是迷信啦」一笑置之，沒想到同樣的問題居然在令和這個時代還會出現。

每夜與男人交媾的「晚上來的人」

與狐狸有關的傳說之中，最多的就是人獸成婚的故事，也就是人類與狐狸結婚的故事，而且有不少史料都有這類故事。

在《日本書紀》的舒明天皇九年（六三七年）一節裡，漢字寫成「天狗」，讀音為「amatsukitsune」的狐狸首次在歷史舞台亮相。就連日本怪物之首須佐之男命的子孫——脾氣暴躁的天狗一族——與狐狸之間也有著密切的關係。自奈良時代初期開始，狐狸的名聲就慢慢傳開。

活了一千年的狐狸就能成為自由幻化的妖狐——中國有許多這類誇大的傳說（例如九尾狐），雖然無法在此一一細談，不過單單日本就有許多有關靈狐的故事，例如駿河的姥狐、刑部狐、白狐、山源九郎狐、和泉的聽音狐、近江的小左衛狐，聞名天下的狐狸都在各類書籍裡登場。

其中與人類交媾的「名狐」也為數不少，但與狸貓或貓相比，名狐被傳成歷史知名人物的例子很多，這大概也算是靈狐傳的特色之一。

母狐狸每晚會幻化為女人來與男人溫存，所以又被稱為「yorunohito」（晚上來的人）或「yorunotono」（晚上來的貴人），卻沒聽過有會潛入女子香閨的公狐狸。舒明天皇時期，某位美濃國大野郡的男人在鄉間小路遇到不可方物的美女後，便與這位女性結婚，兩人還誕下一個兒子。原本這個男人養的狗都沒嗅到異狀，某天突然發現主人的妻子是狐狸，便朝著幻化為女人的狐狸狂吠，狐狸也被嚇得現出真身，一溜煙遁上屋簷便順勢逃走。其實男人也看到了妻子的真面目，但心中很是不捨，因為就算夫妻的緣份已到盡頭，但對方總是為自己生了小孩的妻子。於是男人便不斷喊著，我不會忘了妳的，妳隨時都可以「來家裡睡」（来つ寝よ，kitsuneyo），身為狐狸的妻子也應男人的要求，偶爾「回到家裡睡覺」（来て寝た，kiteneta），久而久之就演變成「來家裡睡（来つ寝，kitsune，狐狸的日文發音）」這個稱呼。這個故事是不是非常美麗，很適合做為日文「狐狸」的語源呢。

陰陽師安倍晴明是狐狸之子？

在眾多知名人物其實是狐狸之子的故事之中，「信太狐」或稱「葛葉物語」的故事最為神妙，也最令人玩味。陰陽師安倍保名在和泉國的信太之森與母狐「葛葉」日久生情後，誕下一名智冠古今的神童，這名神童就是聞名於世的安倍晴明。

不過其父保名終究無法與這隻靈狐長相廝守，因此靈狐留下下面這首短歌後，便留下兒子離開。

若依依不捨　便來相會吧和泉
在信太之森　空留遺恨的葛葉

此外，目加田狐也與蒲生賢秀成婚，誕下豐臣秀吉陣中第一猛將蒲生氏鄉。由此可知，所有靈狐都是活了千年以上，姿態美麗的白狐。

最近我跟家人出門兜風時，在茨城縣龍崎見到寫著女化之原、女化稻荷這兩個地名的路標。我才知道原來現在還有神田山陽這位講談師[7]的《女化稻荷》（我原本以為山陽的講談是小泉長三所著）。位於小稻荷的女化之原曾有練兵場，明治天皇也曾來此巡視。河竹默阿彌[8]則將稻荷的象徵意義寫成一齣戲，還題上《女化稻荷月朧夜》這個戲名，也寫了在市村座[9]上演的情節。

時值永正年間，足利義澄的時代，住在龍崎的農夫「大德忠五郎」賣完草蓆，準備回家時，偶然遇到一隻在路上昏睡的白狐，便順手救了牠。原來這隻白狐之前被心術不正的獵人射傷了，忠五郎也因為這個獵人而遇到各種災難，但後來與阿菊這位少女相知相遇。阿菊非常孝順忠五郎的老母親，於是忠五郎便與她結婚，誕下三名小孩。另一方面，射殺白狐的獵人與邪惡的武士準備帶著獵物回家時，獵物卻重得不得了，連渡河都沒辦法，村裡的人見狀便哈哈大笑。原來狐狸暗中施術，讓他們扛著前任領主的石塔，也才因此引起騷動，最後心術不正的獵人與武士都被斬首示眾。

過著幸福生活的忠五郎的孩子陸續出生，老母親也過著和樂的生活，整個家也越來越興盛，但某個秋日，看盛開的菊花看得入迷的阿菊，居然在給老么竹松餵乳時，不小心露出白狐的真面目。

羞於見人的阿菊便不顧丈夫忠五郎與老大、老二的請求，躲回了無邊際的芒草平原。通常在這種情節的安排下，阿菊應該還會回來給老么餵乳才對，但阿菊就此人間蒸發，沒回來與忠五郎再續前緣。

後來龍崎地區流傳著其子孫成為北條氏的養子，並在飛黃騰達之後振興整個家族的傳說。

[7] 講談師是類似單口相聲或說書人的角色，主要的內容為歷史或行軍打仗的故事。使用的道具有折扇與驚堂木，用來提醒聽眾故事準備進入高潮。

[8] 江戶時代墓末到明治的歌舞伎狂言作者。

[9] 江戶的歌舞伎劇場，被譽為江戶三座之一。

在日本神話首次登場的動物，居然是被剝了皮的馬？

於《古事記》首次登場的動物居然是馬的屍體？

若問日本最古老的史書是哪一本，那絕非《古事記》莫屬，那最早於這本《古事記》登場的動物是什麼？答案居然是馬。

說到馬，大家或許會想到供人坐騎的馬、養在馬廄裡的馬，或是在牧場放養的馬，甚至會想到野生的馬，但令人意外的是，出現在《古事記》的居然是被剝了皮的死馬，而且還是從屁股反過來剝皮的死馬。開頭就提這麼殘忍血腥的故事是很抱歉，但《古事記》就這麼寫，也只能原封不動介紹。這匹馬的名字就叫「天斑駒」[10]。

[10] 於高天原棲息的馬，毛色為斑點狀，故稱天斑駒。

須佐之男命的暴行圖。取自《少年日本歷史讀本 第一篇》（萩野由之編／博文館）。

引發姐弟大戰的「天斑駒」

須佐之男命與天照大御神立下誓約（以誰說得比較有道理來決定勝負）之後，明明須佐之男命是理虧的一方，卻自行宣佈「是我贏」，接著展開一連串的胡作非為。這就是天斑駒被殺的起因，但天照大御神並未因此認輸。有些為了方便兒童閱讀的書籍（《ねずさんと語る古事記・弍》小名木善行著）將這段故事描述成「須佐之男命恣意妄為」，但其實原文還可以解釋成須佐之男命擺出一副自以為勝利的模樣。由於天照大御神率領的眾神過於依賴天照大御神，所以天照大御神為了讓眾神自行發覺這點，故意不責怪弟弟須佐之男命，也不刻意主張「是人家贏了」，而知曉姐姐心意的須佐之男命才故意扮黑臉，裝出一副贏家的模樣。

須佐之男命的胡作非為可是非比尋常，他不僅破壞了田梗，掩埋田溝，還大口大口吃著祭祀的貢物，甚至還在御殿潑糞。《古事記》毫不掩飾地記錄了這些惡行，每一句都挾雜著不堪入目的敘述，看了直叫人反胃。

最終，須佐之男命居然將天斑駒剝皮，還從天照大御神編織神衣的機織小屋上方丟下來，貫破機織小屋的天花板，嚇得正在紡織的天衣織女花容失色，被紡織機的道具刺中陰部而死。

由於事情已鬧到難以收拾的地步，向來愛護弟弟有加的天照大御神也無法再忍容，只好躲進天之石屋（天岩戶）這處洞穴。

這就是高天原女王，如太陽般光輝的天照大御神表達憤怒的方式。八百萬眾神因此陷入前所未有的大恐慌，除高天原之外，連葦原中洲都陷入一片漆黑，數日不見光明。

「於是眾惡神之聲如蒼蠅無處不現，萬般災禍亦於四處蔓延」

這句話的意思是，由於天照大御神一直躲在天岩戶裡，所以眾惡神的聲音如蒼蠅般，從細微之處紛紛湧現，世界各地也紛紛出現天災。

《魏志倭人傳》裡的「日本無馬」是騙人的？

話說回來，天斑駒是「神話時代」裡的馬，身體似乎有斑，而且還是由人飼養，但古代日本真的有養馬的習慣嗎？邪馬台女王卑彌呼的事蹟挑起許多人對日本古代感興趣的神經，而記錄這些事蹟的《魏志倭人傳》則提到「日本沒有牛、馬、豹、羊、喜鵲」。但現代已從大阪舊河內湖一帶的貝塚挖到馬骨，所以還真想大膽反問：

日本武尊之畫。取自《芳年武者無類　日本武尊．川上梟師》（大蘇芳年／小林鐵次郎）。

「那這又是哪裡的馬骨啊！」

須佐之男命後來便建國，其繼承者大國主命準備從出雲之國遠征大和時，也單手扶著馬鞍，單腳踏上馬鐙，對著正室夫人須勢理毘賣吟唱：「身著宛如黑夜的黑御衣……」的短歌。進入後世之後，日本武尊也乘馬出征。可以確定的是，約莫是西元五世紀初期至末期這段時間，也就是應神天皇到雄略天皇的時代，日本已經出現馬轡、馬鞍這類馬具，有權有勢之人也會以馬匹做為交通工具。

以前是扮演時鐘的角色？撐起人類營生活動的雞

雞鳴喚來早晨是古代日本的常識？

當天照大御神躲在天岩戶閉門不出時，《古事記》除了馬，還介紹了一個不能不介紹的動物。八百萬眾神為了將天照大御神迎回凡世，準備大肆舉行祭典，而最先收集的祭品就是常世的長鳴鳥（雞）。若以現代的角度來看，光明重現大地之際，所有的雞都會一起鳴叫，但為了籌辦祭典而聚集的高御產巢日神、思金神、伊斯許理度賣命、天之手力男神、天兒屋命、布刀玉命以及天鈿女命卻是打著完全相反的算盤。換言之，是雞叫了，天才亮，而不是天亮了雞才叫，只要很多隻雞一起啼叫，就能喚來早晨，也就是能將天照大御神喚出岩戶。這就是所謂的眾神信仰（也可說是古代人的信仰）。

令人吃驚的是，人類之所以飼養於大自然棲息的雞，目的就是為了「報時」。「雞？不是為了吃雞肉與雞蛋才飼養的嗎？」會這樣想的人，大概滿腦子都只想到吃的。

人類一開始是為了讓雞報時才養雞，後來是為了鬥雞而養雞。比起口腹之慾，人類更重視賭搏這類娛樂目的。

悠長高亢的啼叫聲讓雞成為值得尊敬的對象

感受到晨光的公雞會站上地勢略高之處，揚起鮮紅的雞冠與雞頭，大大張開嘴巴，「古咕古……」地高聲啼叫，接著用力推出脖子再「喔喔喔」地結束啼叫。一般認為，比起叫聲嘹亮，「喔喔喔」的部分越長越討喜。一說認為，長鳴鳥一名源自中國，而在中國，習慣將啼聲動聽的雞稱為「長鳴都尉」。「都尉」是位階極高的官職，所以越能以高亢悠長的啼叫聲報時的雞，越是值得「尊敬」。

照片：日本三大長鳴雞之一的東天紅雞。

新用途居然是「活祭」

人類原本養雞是為了報時或是鬥雞，但是後來又替雞安排了一個新工作，那就是當成獻給眾神的活祭。所謂活祭，就是在獻給眾神之後，眾人即可分而食之的祭品，人類終於想到「雞」還可以食用。所幸雞在人類的飼養下長大後，便有了「家雞」這種習性，不會擅自離

從洞窟出關的天照大御神之圖。取自〈岩戶神樂之起學〉（春齋年昌筆）。

家出走，而且習慣飼養的環境後，偶爾還會生蛋，順利的話，還能每天生蛋。再也沒有比雞更值得養，又不費事的家畜了。《一千零一夜》也有失去王位的王幸運復位後，透過養雞重振國家財政的故事（日本《千夜一夜物語拾遺》中也有類似的故事）。

於天岩戶一同啼叫的常世長鳴雞到底是哪種雞？肯定是被譽為日本土雞的「小國」或「東天紅」吧。如果是東天紅，那黑色尾上覆羽肯定垂在地上搖曳生姿，說不定大部分都是尾巴像長尾雞一樣長的雞，而且那披在身上，閃耀著白色、褐紅色光澤的蓑羽、銳利的前爪與鮮紅的雞冠，都讓牠美得像一幅畫。這種雞非常喜歡「逞凶鬥狠」，每次可啼叫長達二十秒之久。但若是白色來亨雞，其地位較低，讓人不禁想叫牠滾一邊去。

此外，「小國」與「東天紅」都是日本土雞的品種名稱，小國是小型土雞，東天紅才是正牌的「常世長鳴雞」，據說是源自中國「東天紅」的品種。雞叫聲的中文是「古咕古」、在英語圈以「cock-a-doodle-doo」來表現，據說「東天紅」之名有聽到雞叫聲，「東邊的天（空）將要泛紅」的意思。

從日本神話的創世記繼承的「養蠶技術」

從神明屍體誕生的穀物與蠶

繼家雞之後，在《古事記》登場的動物是蠶。這個動物與被逐出高天原的須佐之男命也有點淵源，但又是很噁心的故事。須佐之男命向大氣都比賣神乞討食物時，大氣都比賣神從鼻子、嘴巴還有屁股排出各種食材，料理之後再獻給須佐之男命，不料大喊噁心的須佐之男命只因這樣就殺了大氣都比賣神，結果大氣都比賣神的屍體頭部就長出蠶，眼睛長出稻子，小米從耳朵發芽，紅豆從鼻子長出，麥子從陰部長出，而大豆則是由屁股長出來。據說神產巢日御祖命將這些食物收集起來，當成五穀的種子使用。這種神被殺害，五體長出各種東西的神話在中國或印度都有類似的故事。

雖然蠶是從被殺的大氣都比賣神的頭部長出來的，但在另一個傳說之中，天照大御神沒有只顧自己紡織絹織品，也沒有只讓織女們織布，而是將養蠶取絲的技術教給了凡人。

假設這個傳說屬實，那麼天照大御神聽從伊耶那岐命的吩咐統治高天原之後，第一件事就是養蠶。之所以會有這個傳說，應該是想讓養蠶技術從古代中國傳入日本的這段歷史變成「神話」吧，因為養蠶不能是由下而上，從百姓或民間開始的技術，必須是由統治者教導百姓，統治者才能決定歷史的走向，簡單來說，就是一種政治目的。

神功皇后的丈夫仲哀天皇在位期間，秦朝的功滿王歸化日本，並將各種寶物與蠶種（蠶卵）獻給天皇。中國史書《魏志倭人傳》也有倭國養蠶風氣盛行的描述。到了雄略天皇的時代，皇后還請親自採桑餵蠶，也命令栖輕這

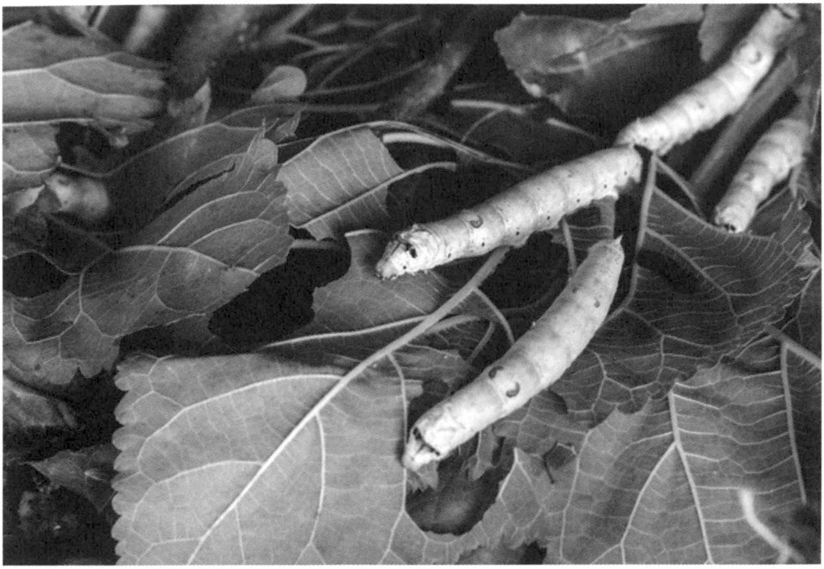

照片：在桑葉上的蠶。

位大臣從全國收集蠶。不過栖輕應該是個做事很草率的人，他居然收集的不是蠶，而是人類的小孩（日文的小孩與蠶是同一個發音）。個性豪爽的雄略天皇在知曉箇中緣由便哈哈大笑的說：「既然你這傢伙費盡千辛萬苦才從全國找來這些小孩，那這些小孩就交給你，你可要好生養育啊。」栖輕又被戲稱為小子部栖輕，他所撫養的小孩之中，有許多在長大成人之後，成為效忠天皇的優秀人材。這肯定又讓雄略天皇龍心大悅，露出滿心歡喜的笑容吧。

日本自行革新的「養蠶」技術

雖然日本的養蠶技術後來居上，超越發源地的中國，成為世界第一的養蠶王國，但不管是日本還是中國，這個產業初期的蠶繭都不是純白的，家蠶蛾本身應該也不是純白的。話說，家蠶蛾本來就不是上天賜予的寶物，而是野蠶蛾這種褐色的野蛾經過飼養才誕生。此外，初期的家蠶蛾在羽化之後，應該會到處亂飛，所以要讓牠們交配以及在蠶卵紙產卵，留作隔年蠶種之用，應該遠比想像中的辛苦，也不禁讓人腦中浮現蠶蛾在蠶室邊飛邊竄逃的畫面。

現在的家蠶蛾已完全失去野性與飛翔的能力，就算破繭而出，也只會振動翅膀，發出「嗶嗶、嗶嗶嗶」的聲音，完全飛不起來。蠶蛾的顏色應該是褐色的，翅膀比較大，身體也比較細，至少我看過的野生的家蠶蛾，也就是野蛾就長這個樣子。從野蛾採集的蠶繭略帶黑色，所以就算抽絲，也必須經過漂白，否則黑褐色的蠶絲絕對織不成純白的絹織品。

在養蠶農家四處可見的時代裡，只要進入蠶室，就能看到蟻蠶在吃桑葉。野鳥研究家兼短歌歌人中西悟堂將蟻蠶吃葉發出的低沉噪音形容成「簡直像陣雨落在樹葉上的聲音」；法國博物學學者法布爾則形容成「宛如西北雨落在原本安靜的樹葉上所發出的沙沙聲」。

產在蠶卵紙上的蠶卵會慢慢變色，等到變成藤紫色時便會孵化。剛出生的蠶寶寶稱為蟻蠶，是非常細小的毛蟲，所以得先將桑葉切得碎碎的再餵食。這些蟻蠶除了在脫皮前會休眠，其餘時間都是不眠不休地進食，法布爾見狀直呼：「這些蟻蠶怎麼會這麼貪吃，小心長大成蛾，翅膀上的鱗片少一片～」這聽起來很像是法國人才有的浪漫。

此時的蟻蠶稱為一齡蠶，會在之後的一個月之內脫皮五次，每次脫皮，身型都會大一圈，等到長成五齡蠶，就會是身長六十六公釐，全身褪去外衣的灰蠶，這個狀態稱為熟蠶。熟蠶不會再長大，不時會抬著頭四處觀望。此時養蠶的人會將牠們一隻隻移到蔟這種以稻草製作的裝置裡，熟蠶便會在裡面營繭。

要製作完整的繭需要耗費一天一夜的時間，之後會經過不可思議的分子生物學變化而轉生為蛹。此時若放置不管，蛹就會長成成蟲，也就是會羽化為蛾後破繭而出，所以要在羽化為蛾之前就先將蠶繭煮熟，再掛在抽絲器上抽絲。不過此時取得的還不是絹絲，必須經過多道加工過程才能成為蠶絲或織品，利用抽絲器取得的只是生絲。

照片：校倉造的高床式倉庫的正倉院（照片為宮崎的西之正倉院）。

其實蠶每天只能吃所給的六成左右桑葉，吃不完的桑葉與大便都會汙染蠶室。這些廢物又稱為蠶沙，但養蠶的農家不會就這樣丟掉，因為這些蠶沙可以當成家畜的飼料使用，也能萃取出藥用的葉綠素，所以養蠶不會製造半點浪費。或許有人會問這些被殺死的蠶做何用途，但其實抽絲之後，剩下的死蠶可以當成食用青蛙或其他寵物的食物使用，一樣是物盡其用。

歷時千年依舊不變的東西

隨著人造纖維技術的發達，剛剛介紹的這些蠶的相關知識，已不再是「國民常識」，絹織品也不像從前那麼值錢，但絹織品穿在身上的舒適感、高雅感，卻隨著人造纖維的普及更受青睞。自文武天皇（七〇一～七〇五）頒佈大寶令，設立織部司以來，不斷累積精進的養蠶技術到了現代更加純熟。

據有幸晉見明仁上皇、上皇后兩陛下的作家曾野綾子所述，上皇后曾提到：「皇室飼養的蠶稱為小石丸，是未經品種改良的野蠶，從這種蠶抽絲製作的絹絲特別有意思。」若此言不假，想必那是難以在野外採集的野蛾，該不會家蠶蛾的野生種正在日本皇室的御養蠶所保存吧。據說正倉院御品的絹織品就是以這種「小石丸」的絹絲修復，這還真是令人難以置信的史實啊。（《月刊正論》二〇一九年六月號「即使年號進入令和，日本的優良傳統亦不變」）

到處是毒蛇與毒蟲！特立獨行的須佐之男命的試煉

為了製作毒箭而飼養毒蟲？

遭受八十神迫害的大國主命逃往須佐之男命的根之堅州國後，與須佐之男命的女兒須勢理毘賣相知相遇。為此須佐之男命便給予大國主命各式各樣的試煉，而大國主命也在須勢理毘賣的幫助之下，一次又一次地突破這些試煉。在這些試煉登場的動物分別是毒蛇、蜈蚣、毒蜂、虱子與老鼠。其實須佐之男命看到大國主命的第一眼就很中意，也早已默認大國主命與須勢理毘賣的關係，但還是在每次的試煉派出蛇或蜈蚣這類毒蟲刁難，真的讓人覺得祂很特立獨行。如果是真的毒蛇、毒蜂或蜈蚣，後續的情節全是一連串不可思議的怪事。

話說回來，為什麼須佐之男命會有一個爬滿毒蛇與蜈蚣的房間呢？祂又是為了什麼而飼養這些毒物呢？將須佐之男命的故事寫成小說的芥川龍之介認為，須佐之男命之所以養這些毒物，為的是從毒蛇與毒蜂取得毒液，再利用這些毒液製作毒箭，這聽起來似乎很合理，但古代真的有從蜂針、毒蛇的牙齒採取毒液，抹在箭頭的技術嗎？更何況蜈蚣的毒可是儲存在鉗狀前肢裡，就算是現在的技術，也很難在採集後，將毒液塗在箭頭上。

雖然須勢理毘賣為了幫助大國主命，特別將比禮（披肩）這個輕輕一甩，就能讓毒蛇或毒蜂消失無蹤的法寶送給大國主命，但須佐之男命還是命令大國主命在毒蛇與毒蜂的房間待上一晚。倘若大國主命在這間房間甩動比

身邊都是毒蛇的須佐之男命。取自《少年日本歷史讀本　第二篇》（萩野由之編／博文館）。

禮，反而會激怒毒蜂與毒蛇，但就算是最毒的虎頭蜂，晚上也得睡覺，所以不甩動比禮才是上上之策，而蜈蚣這種毒蟲則不會因為輕飄飄的比禮或人類靠近而攻擊人類。

被老鼠救了一命的大國主命

當大國主命在充滿毒物的房間度過一夜之後，須佐之男命又故意將鳴鏑（響箭）射入草原，並且命令大國主命找回鳴鏑，同時還在草原周圍放火。須佐之男命雖然粗暴、無法無天、不可一世，但其實祂內心真正的想法應該是若大國主命能成功通過這次試煉，再好好補償這位要納為自家女婿的年輕人吧，這聽起來是不是很像後世的日本武尊的情節呢？

日本武尊是「以火攻火」，讓自己免於被火紋身，但是將大國主命救出大火的卻是老鼠。一隻來到大國主命跟前的老鼠對大國主命說：「裡面空空的，外面溼溼的」，大國主命原以為這是什麼順口溜，後來才意會到，老鼠是在跟他說內側是空的，入口很窄的意思。（《現代語古事記》竹田恒泰著）。於是大國主命往火舌不斷逼近的地面一踏，身體立刻「噗通」地掉入洞裡。原來這地下有老鼠的洞，但有哪種野老鼠會挖出剛好容納一人大小的垂直洞穴呢。

接著老鼠又把須佐之男命故意射丟的鳴鏑叼來，幫助大國主命闖過第三次的試煉，但須佐之男命還沒玩夠這位未來的女婿。

為了突破最後試煉的兩個人採取了什麼行動？

須佐之男命把大國主命叫進大房間之後，便往地上隨便一躺，命令大國主命：「抓出我頭上的虱子」，當大國主命撥開須佐之男命的頭髮，赫然發現裡面有很多隻正在蠕動的蜈蚣，一不小心還被蜈蚣的鉗狀前肢咬中手指。大國主命壓制住毒性後，須勢理毘賣便悄悄拿來糙葉樹的果實與紅土。聰明的大國主命將嚼爛的果實與紅土一起吐到地上後，須佐之男命誤以為大國主命嚼爛了祂頭上的蜈蚣，還將殘骸吐了出來，便放心地發出如雷聲般震耳欲聾的鼾聲陷入沉睡。

大國主命見機不可失，便打算帶著須勢理毘賣私奔。祂先把須佐之男命的頭髮綁在柱子上，再用大石頭堵住入口，接著順手摸走須佐之男命祕藏的生弓矢、生太刀與天詔琴，然後抱起須勢理毘賣往外直奔。

當須佐之男命醒來，立刻發現自己的頭髮被綁在柱子，力大無窮的他使出一口氣拉倒整座宮殿的怪力後，便追上大國主命，同時總算讓大國主命知道，他通過了自己的測驗。

雖然接下來的場面沒有出現任何動物，但須佐之男命在黃泉比良坂與大國主命、女兒訣別時，一邊發出轟然巨響的笑聲，一邊為這對新人送上了下面這段祝福，想必不管過了幾年，這段祝福也不會被人忘記吧。

「你用手中的生太刀、生弓矢將庶兄弟（五十神）追至坂之御尾，趕至亦河之畔，成為我的大國主命吧。將我的女兒須世理比賣迎為正妻，再於宇加的山底以及堅實的磐石上建造宮殿，並讓宮殿的柱子直達高天原吧，你這可惡的傢伙！」

最後那句「你這可惡的傢伙」尤其令人難忘，因為這不正是須佐之男命這位無比強大的男人將大國主命視為自己的繼承者，以及對這位實力與自己相比也毫不遜色的繼承者的最大讚美嗎？

美麗的國鳥綠雉在神話裡，居然是個「跑腿」的？

在沼河比賣的短歌裡登場的謎之鳥「鵼」

大國主命效法開國之主的須佐之男命，建立了擁有八千矛神，也就是八十名精銳士兵的大國，並在建國的過程娶了多位妻子，每娶一位，領土就擴大一分。見到大國主命娶了那麼多老婆的須勢理毘賣便將心情寫成下面這首短歌。

「四處征戰　走盡天涯　皆有如綠草般的嫩妻相伴」

《古事記》記載了這時大國主命、高志之國的沼河比賣與正室的須勢理毘賣所詠唱的短歌，而沼河比賣的短歌之中，出現了三種鳥的名字，最值得令人關注的便是鵼（鶫）。鵼因為後世的《平家物語》（日本長篇歷史戰爭小說）而聲名大噪，是眾所周知的日本三大怪物之一，也是被源三位賴政擊敗的怪物，但一說認為「其啼聲似鶫」，所以被源三位賴政降服的有可能不是鵼。

這種不知其名，卻史上知名的怪物只留下啼聲與鶫相近的傳說，其真面目就是鶫這種鳥類，更令人吃驚的是，這種鳥類的名字早日本最古老的書籍出現過。

本該是姿態優雅，受人憐愛的國鳥才對……

啼聲與鵺同樣響亮，也在沼河比賣的短歌裡出現的鳥是雉雞（環頸雉）。我想不用特別強調，大家也都知道這是日本的國鳥，是非常有名的鳥類。聽說某位憎恨日本人的韓國人為了洩憤還殺了雉雞，這實在讓人驚訝地說不出半句話。

雉雞，尤其是雄雉雞，姿態是非常美麗勇猛的，也讓日本人沒來由地喜歡，但其實在《古事記》裡，雉雞只是個「跑腿」的，而且最後還被殺了。

這是故事情節發展到「出雲（大國主命）讓國」之後的事。天照大御神宣佈豐葦源千五百秋之水穗之國是該由其子天忍穗耳命統治的國家之後，高天原的眾神便根據天照大御神與須佐之男命的誓約，陸續派遣天穗日命與天津國玉神之子天若日子去到大國主命的地方，但派去的神明卻紛紛投奔至大國主命的陣營，所以不管過了三年還是八年，遲遲不願回到高天原復命。

因此高御產巢日神與天照大御神、八百萬眾神便派遣雉雞，要天若日子早日返回高天原。這隻雉雞從高天原飛往地面後，停在天若日子的家門口，傳達了眾神的旨意。不過，這隻雉雞叫做雉名鳴女，聽起來很像是雌雉雞的名字，這讓人覺得很是奇怪，而在天若日子家中聽到雉雞聲音的天探女便向天若日子進讒：「這啼叫聲實在太不吉利，請務必射殺這隻雉雞。」從這點來看，那時雉雞的啼叫聲想必是異常尖銳吧……。

惹怒眾神的天若日子的下場

不管是從前還是現在，雄雉雞的啼叫聲都是「鏘、鏘！」般尖銳，而雌雉雞則幾乎不會啼叫。此外，雖然不知道故事裡的天探女是女間諜還是女忍者，但她在後續的故事裡偷了東西，所以被列為不太受歡迎的角色。

受天探女唆使的天若日子放箭射向停在樹上的雉雞，而這枝箭在貫穿雉雞的胸口後，繼續往前飛，直到佇立於高天原天之安河原的天照大御神與高御產巢日神跟前才落下來。

原來這套弓箭正是天照大御神與高御產巢日神賜予天若日子的天之麻迦古弓與天之波波矢。高御產巢日神在給

源三位賴政之畫。取自《列猛傳　源三位賴政》（歌川國芳畫）。

眾神看過這枝箭之後，便高亢地說：「如果這是天若日子射向惡神的箭，那就失準吧，如果天若日子是帶著邪念射出這枝箭，就讓天若日子被這枝箭射死。」接著把這枝箭的箭頭一轉，把這枝箭從這枝箭射穿的洞丟回去，這枝箭便不偏不倚地射中在地上睡成大字型上的天若日子的胸口，天若日子也就此被射死。

到這部分的內容很有小說的戲劇感，此外，被天若日子殺死的雉名鳴女無法回到高天原覆命的情節也衍生出「雉子的頓使」[11]這句日文諺語，天若日子被自己射出的箭射死這個情節，也衍生出「回頭箭可畏」[12]這句日文諺語，但我所知有限，不曾在其他的文學作品或小說看過這兩句諺語。

在事件結束後，《古事記》提到在天若日子的葬禮擔任岐佐理持[13]的是川雁，擔任碓女[14]的是麻雀，擔任御食人[15]的是翠鳥、擔任哭女[16]的是雉雞，擔任掃持[17]則是白鷺，不過這情節實在太過唐突，也太像童話故事，直教人看得一頭霧水。

[11]「雉子の頓使い」，指派出去卻回不來的使者，有派遣使者時，切忌只派一位，最好多派一位充當副使的意思。

[12]「返し矢恐るべし」，射回來的箭一定會命中的意思。

[13]替死者拿祭品的隨從。

[14]舂米的人。

[15]為死者烹調祭品的人。

[16]孝女的意思。

[17]打掃靈堂的人。

是不吉利的象徵還是神的使者？三隻腳的八咫烏

天照大御神派遣的八咫烏

神倭伊波禮比古命，也就是神武天皇與麾下的士兵逃過「毒熊之劫」，打算往下一個作戰地點前進時，士兵雖然痊癒了，卻迷了路，不知道該往哪個方向前進。《日本書紀》卷之三對這個狀況的描述是「皇師欲往中州，卻遇險峻山路，且前行無路」。

行軍如此艱困的某晚，天照大御神在神倭伊波禮比古命的夢中下達了一個指示。

「朕，將派遣頭八咫烏，以為鄉之導者。」

國文學者武田祐吉為「鄉之導者」加註了「鄉土引路人」的註釋。翌晨，真有一隻巨大無比的烏鴉從天而降。神武天皇見狀便喜不勝收地說：「何等巨大、何等赫赫，吾皇祖天照大神欲助吾創建基業啊！」這隻靈鳥便於陣前帶領軍隊踏上征途。

以上是八咫烏出現的場景。在名字前面冠上「頭」，寫成「頭八咫烏」的意思是頭很碩大的烏鴉，但其實身體與振翅高飛的雙翼也非常巨大。

曾是神聖化身的「八咫烏」與「金鵄」

根據在平安時代編纂的古代氏族名鑑《新撰姓氏錄》的說法，被派去為神武天皇引路的八咫烏是高天原的神皇產靈尊之孫賀茂建角身命的化身，於後續征途現身的第二隻靈鳥「金鵄」也是基於相同的理由出現，這隻全身閃爍著光芒的金色神鳥也同樣是神的化身。

這兩隻靈鳥都不是天照大御神親手餵養的鳥。記得我還是小學生的時候，國史課都說這兩隻靈鳥是聽從天照大御神的命令去到神武天皇的身邊，老師也告訴我們，這兩隻靈鳥是「跟著天皇的兩位神明，祂們擔心天皇的征途遇阻之際，高天原傳來旨令，命令這兩位神明的雙手幻化為翅膀，身體變成鳥身，從步行變成飛行，飛到天皇身邊」。還記得老師在教這段故事的時候，一直將「烏鴉」稱為「八咫烏mikoto大人」[18]，也將「黑鳶」稱為「金鵄mikoto大人」。

自從天而降的那天之後，八咫烏便將天皇麾下的督將、大伴氏的先祖日臣命率領的軍隊帶到菟田下縣，也就是現代的奈良縣宇陀郡。

在神倭伊波禮比古命的神話之中成為勝利的象徵

照片：被視為八咫烏從天而降之地。熊野本宮大社拜殿。

自此，八咫烏不斷為天皇的軍隊帶路，陸續剿滅兄猾、弟猾以及各路敵人，但這些行兵作戰的過程卻沒寫成故事。

剛剛提到的「兄猾」與「弟猾」也在八咫烏成為軍使，前往兄磯城與弟磯城的故事登場，而且還有具體的描述。

由於兄磯城不願投降，神倭伊波禮比古命便派出八咫烏做為招降的軍使。飛到磯城軍營的八咫烏高聲啼叫：

「天神之子下召汝身，快投降吧（izawa）、快投降吧（izawa）」

從這段文字來看，想必八咫烏說的是人話，但兄磯城卻回答：

「聽聞天圧神（神武天皇）大軍壓境，我甚是憤怒，為何這隻烏鴉的叫聲如此難聽呢？」

[18] mikoto是古代對於神、天皇或尊貴的人之稱呼。

從這段回答來看，八咫烏說的應該是烏鴉話（？）在兄磯城耳中只是「嘎嘎」的叫聲吧。

懼怕神倭伊波禮比古命軍威的弟磯城背叛了其兄兄磯城之後，神倭伊波禮比古命採用椎根津彥這位武將的計策大破兄磯城的軍隊，之後也連戰連勝。

自從八咫烏身兼引路人與軍使的身份後，天皇的武運便隨之亨通。雖然致勝的一擊還是得等到金鵄現身，但金鵄的確不像八咫烏這般戰功彪炳，幫助神倭伊禮比古命連戰連勝，所以天照大御神的協助的確是有效的吧。

話說回來，為什麼是烏鴉呢？天照大御神為什麼不派遣更有威嚴，更神威凜凜的鳥來協助呢？是因為烏鴉在後世成為熊野神社的神鳥嗎？不對，這地區自古就有許多烏鴉棲息，所以會把烏鴉視為神鳥也不足為奇吧？

狡猾的、喧鬧的、雜食的、卑劣的、全身漆黑，被視為不祥之兆的烏鴉可說是滿身負評，完全無法讓人想像牠能是帶領軍隊前進的神之使者。不過這只是現代日本人的印象與評價，說不定古代的日本人想的完全不是這麼一回事。其實烏鴉是很有智慧的鳥類，往往天一亮就會高聲鳴叫，況且大家看到牠那飛翔的英姿，不會覺得很痛快嗎？

再者，根據武田祐吉這位學者的說法，被神倭伊波禮比古命派去招降的八咫烏對兄磯城與弟磯城說的「天神之子下召汝身，快投降吧、快投降吧」，其「快投降吧、快投降吧」（izawa、izawa）的部分也是對烏鴉叫聲的模擬，換言之，這應該是以烏鴉的叫聲呈現「快來歸順吧」這句招降的對白吧。還是說，這是故意要將人類的語言模擬成烏鴉的叫聲？這部分還真是讓人猜不透。

此役之後，八咫烏仍在天皇的征途履履立下戰功，所以等到天皇登基，論功行賞之際，八咫烏也名列其中。

《古事記》的記載如下。

「另外，頭八咫烏也列位封賞」

烏鴉之畫。取自《烏鴉》（橘守國）。

位極神之使者的黑鳶也有令人失望的一面

金黃色的光芒大挫敵軍威勢

在神武天皇建國神話之中，最令人為之眩目，最值得一提的華麗場景，莫過於金鵄的登場，不過這個場景只在《日本書紀》提到，沒在《古事記》出現。

「十有二月（師走），時值癸巳之朔，丙申之日，皇師遂起兵攻伐長髓彥，然連戰不勝。此時，忽有冰雹如利箭般降下，金色靈鵄現身其中，飛至皇弓之弓弭尾佇立。此鵄光如皓日、狀如流電，長髓彥之軍卒皆迷眩，無力再戰。」

軍卒就是麾下的士兵一同迷眩而無力作戰。長髓彥與其士兵一同敗走。根據《日本書紀》的描述，敗逃的長髓彥派出使者議和，願讓自己的妹妹與神倭伊波禮比古命同為天孫一族的饒速日命成婚，互結姻親之好，自己也願歸於饒速日命麾下，神倭伊波禮比古命也在這場和議之後戰勝長髓彥，這趟征途也進入最終階段。

這隻金鵄當然是天照大御神繼八咫烏之後派來的幫手，其戰功僅次於八咫烏，但出場次數只有剛剛這一次，在長髓彥的軍隊敗逃後便未曾提及，不知道是飛回高天原，還是停在皇弓之上，暫時成為神倭伊波禮比古命的隨從，抑或在行軍之際，以閃爍的光芒為軍隊助威呢？這部分完全沒有半點描述，金鵄也就此人間蒸發。

如果是我的話，絕對捨不得金鵄就此消失，一定會把金鵄寫成停在天皇肩上，做為裝飾或是天皇的愛鳥，天皇即位後，也將祂養在宮中，不然就是再寫個故事，讓祂有機會立下戰功。不過原書的《日本書紀》沒有半點這類敘述，所以也無法達成上述心願，但我還是不禁為金鵄感到惋惜，因為「金鵄既是老鷹，又何苦寫成黑鳶呢！」

看似威武的猛禽其實是……

據說章魚位於八隻腳之間的口器在日文稱為「tonbikarasu」[19]。像這樣與烏鴉相提並論的黑鳶其實食物鏈很貧乏，如果是吃腐肉的清道夫（scavenger）也就罷了，沒想到黑鳶居然以吃垃圾為生。另一方面，黑鳶也是老鷹之一，所以很多人以為牠會像老鷹一樣捕捉老鼠或蛇當食物。雖然黑鳶的體型並不瘦弱，但牠的食性離所謂的「掠食者」還差得遠了。

搶走油豆皮的黑鳶。取自《江戶名所道化盡　二十七　芝飯倉通》（廣景／辻岡屋）

我原以為黑鳶會聚集在動物屍體旁邊，忘情地享受動物的屍體，但不管我怎麼找，也不管我等了幾年，從來沒聽過有人目擊黑鳶聚在狗或馬的屍體旁邊，在海邊飛翔的英姿倒是看過（可惜近年來黑鳶的數量銳減），但在一旁觀察牠們像是準備啄食什麼般從天空往下俯衝後，

[19] tonbi是黑鳶的發音，karasu是烏鴉的發音。

沒想到牠們居然是吃垃圾，這真是讓人無言以對！明明這俯衝而下的英姿絲毫不遜於老鷹與隼，但黑鳶的鳥喙與爪子比較沒那麼尖銳，所以就算在廣場四周圍起柵欄，再於柵欄之內放幾隻活老鼠，牠們也沒有打算掠食這些老鼠的「霸氣」，只有那副站在木頭上壓低身體，準備攻擊獵物的姿態還算有點看頭。我曾在如此寬闊與高聳的柵欄之內養了黑鳶好幾年，所以我肯定沒弄錯，要我說，這種黑鳶就像是沒了爪子，變得跟野狗沒兩樣的狼。不過牠的體型與猛禽類同級，所以才給牠一點面子，讓牠在鷹科敬陪末座吧。

總算成為勳章的「金鵄」

《日本書紀》的作者是奈良時代的人。那時候的人通常很高雅脫俗，那麼為什麼不讓老鷹登場呢？難不成那時候還無法分辨黑鳶與老鷹，也不知道黑鳶的食性那麼糟糕嗎？不對，這實在讓人難以置信，因為比起現代的我們，古人更親近所謂的自然，更習慣觀察大自然的一切，難不成當時對於黑鳶特別尊崇？

不過就算真有這種「被遺忘的信仰」，我們熟知的「鳶色（帶有紅色的茶褐色）」也不太美麗，因此為了讓牠夠資格參加皇祖的聖戰，才給了牠最為尊貴的「金色」，讓牠透過這股光芒嚇退敵軍嗎？

與八咫烏一同守護著皇居上空的金鵄為日本皇室憑添威嚴，也於明治二十二年被制定為「金鵄勳章」。這個勳章主要是用來表彰立下戰功的陸軍或海軍軍人，功勳分成一級到七級，獲頒此獎的軍人都可以拿到一個刻有金鵄的獎牌。原本得到這個獎牌的軍人可以一輩子領取年金，但這個終身年金在昭和十六年（一九四一年）改為一次性的獎金，現在則予以廢止，因此《廣辭苑》這本日本字典對此也頗有微詞。

第二章

人類與動物成為夥伴的時代

鎌倉時代～室町時代

人類與動物成為夥伴的時代

貓與慵懶的女性。取自＜風俗三十二相　うるささう　寛政年間処女之風俗＞（芳年／綱島龜吉）。

立耳捲尾的日本犬在這個時代出現後，慢慢地進化為看門犬、家族成員（陪伴犬），最後進化為優秀的獵犬。體型也發展出大型犬（秋田犬）、中型犬（甲斐犬）與雜種小型犬（柴犬）這些類型。

在這段狗狗進化的過程中，貪愛華麗卻懶惰無能的藤原氏寄生於皇室，施行所謂的公卿政治，也成為日本規模最大的家族，最終導致從武裝農民發展而來的武士階級蓬勃發展。武士除了效忠皇室與公卿，也與皇室、公卿對抗，武士之間也爆發了規模龐大的鬥爭（源平合戰），武士自此將政權收入囊中。這就是武家政治的起源。由於第一個幕府是由源氏在鎌倉成立，所以這個時代又稱為鎌倉時代，這股勢力也開啟了後繼的室町時代。

另一方面，蝦夷一族的勢力也於北方坐大，與之作戰的源氏則建立了實力堪稱坂東、東國第一的兵團，透過太刀與強弩作戰的「騎馬文化」也隨之迅速發展。

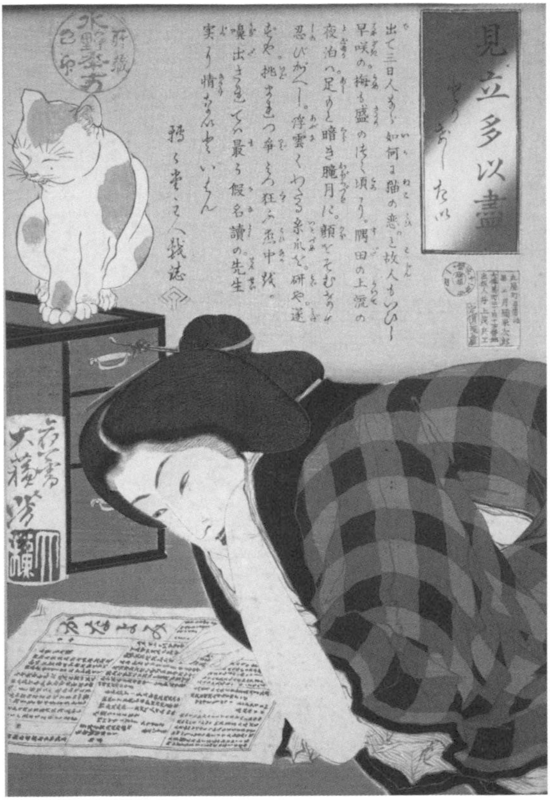

閱讀報導的女性。取自＜見立多い以尽とりけしたい＞（大蘇芳年／井上茂兵衛）。

建立以武士為主的國家，開創鎌倉幕府的源賴朝。

騎馬的武士正在訓練騎射之術的畫。取自＜犬追物図＞（萬里寫）。

以飛雁動向探察敵情？英雄原型的武將源義家

因藤原一族的失策而揭開序幕的「武士時代」

平安時代初期，耽於和平的藤原一族或許是基於和平主義，又或者覺得常備軍不知何時會派上用場，不想多花軍費維持，居然廢除了常備軍，說這是日本史上最糟糕的決策也不為過。想當然爾，當兵力、維持治安的警力衰退，只憑檢非違使（平安時代的檢察官），又怎麼可能抓得到傳說中的御溝池多能丸（以鬼童丸繼承者聞名的二流盜賊）率領的盜賊團呢。

沒過多久，京城內外與各地盜賊叢生，原本只需要專心務農就得以營生的農村與漁村都被盜賊搶走土地與產物，小型農家陷入難以糊口的困境，於是地主與地方士紳只好自行儲備武器，努力訓練弓馬槍劍之術，守護自己的生活。農民全族組成郎黨[1]，以備隨時應戰。這種武裝的農民就是「武士的起源」。

這種郎黨的習俗一直延續到後續的戰國時代，例如寺院會訓練僧兵，神社會培育神人與這些武士對抗。

由於盜賊四起，武士也於日本全國隨之出現，因此沒有任何一個地方能說是武士的起源地，不過當時的東北地區由蝦夷族所統治，直到奈良時代末期，坂東地區（現在的關東地區）的武士也必須與這股負隅頑抗的蝦夷勢力作戰，坂東騎兵與武士的勇猛也因此名震天下。

源義家之畫。<前賢故實 卷第6>取自（菊也容齋（武保）著／雲水無盡庵）。

鎌倉時代初期的話本《古事談》提到，源賴義於京城大宅拜佛時，別號八幡太郎的源義家突然頭髮直豎，慷慨激昂地穿上鎧甲，將馬匹拉至院前騎馬奪門而出。其父賴義命令郎黨跟上，並說等到拜佛結束之前，但郎黨等人似乎沒聽見這句命令。

豪爽風雅的好漢

一開始只有三人跟著義家，行至逢坂山之時，家臣陸續跟上，人數增至十五人，進入美濃之際，人數增至二十五人，朝著別號美濃七郎的源國房的房子放火，國房反唇相譏，汙辱義家的郎黨，使得義家更為憤慨。反觀毫無任何

1 中世紀日本武士社會的主君與隨從組成的武力集團。

準備的國房只不斷地愛撫著停在拳頭上的獵鷹。結果連放開這隻獵鷹都來不及，凡是有生命的物種皆往後山逃竄。

照常理應該會繼續追擊，但義家不顧家臣的建議，只說了句：「今天到此為止就好」，就領著家臣撤退。

在這個堪稱武士原型的時代裡，義家是架勢最酷的源家大少爺，在前九年之役（一〇五一～一〇六三年）與後三年之役（一〇八三～一〇八七年）驍勇善戰的他令關東武士悉數跟隨。不過朝廷實在太過不懂世事，對行軍打仗也一無所知，竟然未給義家任何賞賜，義家只好把積累的私人財產全拿出來犒賞直屬的部下，麾下的武士也感激涕零地說：「即使轉生七世，也願為八幡殿下一戰。」

源義家還有一個知名的小故事。他在前九年之役追擊敗逃的安倍貞任時，輕輕地拉住馬韁繩唱道：

「衣川館將如一路散開的衣服縫線般毀滅了」（衣の館はほころびにけり）

騎在馬背上的貞任也回頭唱道：

「全因歷經歲月的絲線脫了線」（年を経し　糸の乱れの苦しさに）

與義家的上句呼應[2]，義家便會心一笑，放貞任一馬。沒想到孔武有力的武人，也有這番風雅之心，怕是凱撒、亞歷山大或拿破拿這等英雄，也沒有如此雅致吧。

[2]衣川館位於今岩手縣，是安倍氏的根據地。源義家以衣服的「縱」縫線暗喻為「館」。兩者日文皆為「たて」，也就是以發音相同的詞彙隱射另一個詞彙意義。

後三年之役的畫。取自＜後三年合戰繪詞＞

向儒者大江匡房學習兵法

源義家還有一個能直接畫成一幅名畫的逸事。義家率軍進攻廣野之際，猛然往上空一瞪，北渡的群雁忽然陣型大亂，此時義家立刻拉住愛馬大聲喊道：「小子們，前方有伏兵！」命人前去一探後，前方果然發現伏兵。

假設義家是從中國的兵法書學到這個佈陣之道，那傳他兵法的人應是大江匡房。匡房於康平三年（一〇六〇年）位列公卿，擅長和歌與兵法。根據《古今著聞集》或《奧州後三年記》的記載，義家首次登上清涼殿南廂的「殿上之間」時，這位大江匡房便對義家評道「好漢，可惜不知兵法」，沒想到書呆子的匡房居然敢對戰功彪炳的義家如此傲慢，但義家反過來向匡房學習兵法，而且還在後三年之役實際派上用場。能從「雁列自亂」看出伏兵，也是學習兵法的成果之一。

不過中國的兵法書也寫了一些不太靠譜的兵法，如果真照這些兵法行軍打仗，恐怕會陷入危機。在義家

指向雁群的義家之畫。取自<大日本歷史錦繪>

的小故事登場的群雁便是一例。一般認為，群雁會在飛行時排成一列，或是排成V字型，但實情並非如此。飛雁是會於現代東京街鎮周邊低飛的鳥類，就算飛行的高度只有二、三層樓高，牠們也不會被下方的人們或是車子嚇得亂了陣型，所以就算在飛渡草原的時候看到下方的伏兵，也不太可能嚇得自亂陣腳，更何況飛雁也不是會排好陣型再飛的鳥類。

這個逸事想必是當時醉心於中國古典的人，也就是中國古典的信徒所捏造的吧。

牛是經典的戰爭兵器？俱利伽羅峠的火牛戰法

熟知行兵之道的木曾義仲所設下的「奇策」

壽永二年（一一八三年）四月，在別號平相國的平清盛死後，成為平家一族總大將的平維盛率領十萬有餘的大軍，與雄踞北國的木曾義仲對決。

對決的場地在越中與加賀國境的礪波山俱利伽羅峠，木曾義仲的兵力雖然只有五萬，卻兵分八路，整軍以待，其麾下有老是打敗仗的源行家，也有名震四方的義仲四天王，還有巾幗不讓鬚眉的義仲夫人巴御前騎著春風這匹駿馬助陣。

據說在源平合戰開打之前，兩軍之間舉行了一場奇妙的體育活動。

一開始先有騎兵十五人從源氏的木曾陣營一躍而出，朝平氏陣中射出破空而響的鏑（響箭），緊接著平氏陣中也衝出十五名弓箭手，回射十五支鏑，接著木曾陣營又躍出二十騎，射出二十支箭，平家陣營又射回二十支箭，一方送出三十騎，另一方也回應三十騎，一方射出五十支箭，另一方就回禮五十支箭。

隨著這段「互相競技」、「將作戰化為藝術」的時間流逝，天色漸黑，是夜，木曾陣營驅使火牛奇襲，但這只是義仲的欺敵之策。

俱利伽羅峠之戰的畫。取自＜大日本歷史錦繪＞

義仲從附近的村莊徵來四、五百頭牛，並在牛角綁上火把，接著命令樋口兼光一手敲打太鼓，另一隻手拿著法螺貝大吹發動攻勢，接著立刻點燃牛角上的火把，再拍打牛隻的屁股，讓牛隻往前急奔。又熱、又怕、又怒、又慌的牛隻不顧一切地往前狂奔，踏倒平家士兵的盾牌，並在平家陣中恣意肆虐。心想明天才會開戰，枕著頭盔呼呼大睡的平家七萬大軍慌亂的無以復加。

「取弓的人忘記取箭，背上箭筒的人忘記取弓，穿著鎧甲的人忘記戴上頭盔，兩、三人搶拿一把太刀，四、五人爭搶一張弓，倒著騎上馬之後，被薙刀倒刺自己的腳。許多人被牛隻踏死，踢死，只顧著自己逃命，完全不顧將軍的命令……」《源平盛衰記》將這場戰役寫得栩栩如生，誰能相信人類一旦陷入恐慌，竟會落得如此狼狽啊。

火牛作戰是虛構的？揭開謎底的三個關鍵

上述是源平時代史最為精彩之處，戰前的國定教科書也會介紹這段故事，但木曾義仲真有這般錦囊妙計嗎？

照片：八重櫻與火牛像。

第一個要問的問題是，在如此險峻、偏僻的深山小村裡，真能養四、五百頭牛？第二個問題是，只要不是牛隻熟悉的飼主，很難在每一頭牛的牛角綁上火把。

俱利伽羅峠之戰的故事提到，木曾義仲在牛角上各綁一支火把，而且還將這兩支火把綁成X狀，此外，「火牛之計」的彫像是將兩支火把綁成八字型，但其實不管是綁成X狀還是八字型，都比想像中困難太多，牛一定會一直後退與甩頭抗拒，要想完全壓制牠們幾乎是不可能。

第三個問題是真的開戰時，要怎麼替這兩支火把點火？陷入恐慌的牛群很可能想要退後，不管怎麼打牠們屁股，也很難讓牠們衝進戰場吧。

雖然我覺得火牛作戰一定是虛構的，但在源平合戰物語之中，這絕對是一生都忘不了的精彩場景。這種敘述到底是源自何處呢？

漢尼拔與田單都曾靠火牛作戰大獲全勝

迦太基名將漢尼拔在攻打羅馬時，使用火牛作戰一事是

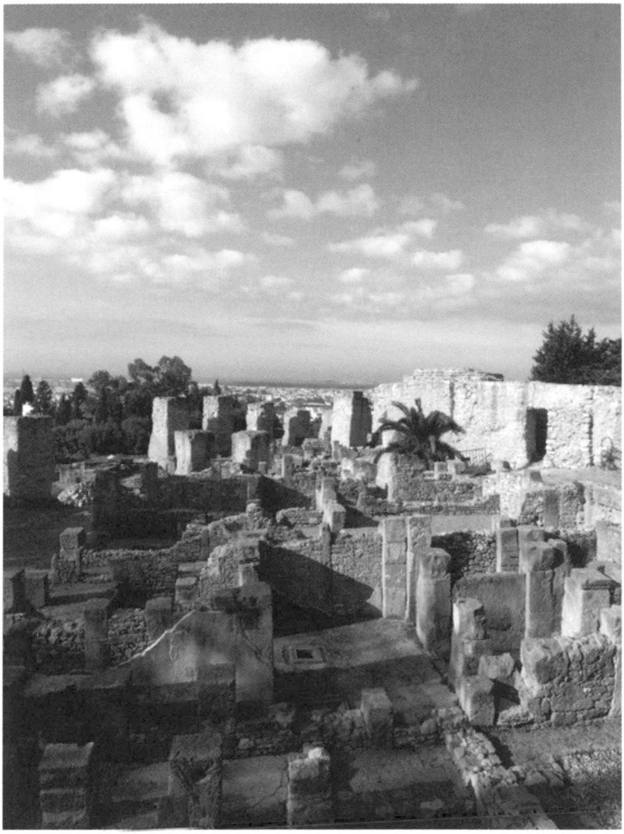
照片：位於突尼西亞的迦太基遺跡。

由古代羅馬散文作家布魯他爾廓斯《希臘羅馬名人列傳》傳述，所以在《源平盛衰記》或《平家物語》誕生的時代，應該還不可能有人幫忙譯成日文。

所以木曾義仲的火牛作戰很有可能是源自中國史書《史記》的情節。歷史的背景如下。西元前二七九年，燕昭王去世，燕惠王繼位。負責守城的田單則與步步進逼的燕軍作戰。

田單利用各種謀略團結齊國百姓後，燕軍來攻，田單也準備了一千頭牛嚴陣以待，同時在城牆鑿了讓這群牛軍蜂湧而出的大洞。這些牛隻身上除了繪有五花彩

田單火牛陣之圖。取自<史記列傳：繪入通俗>（永阪潛編／今古堂）。

紋，牛角上都綁著劍，尾巴也綁了火把，所以點燃火把後，便將這一千頭牛從城牆的大洞往外趕。

燕兵因為這群怪牛突襲後嚇得驚慌失措，紛紛四處逃竄，尾巴著火的牛隻也跟著四處狂奔，最終燕兵就被牛隻角上的劍一個個刺死。接著五千名齊軍再一湧而上，齊國的民兵也在一旁敲鑼打鼓，為火牛與齊軍助威。

田單乘著這股氣勢收復被燕國奪走的七十幾座城池，將齊襄王迎回首都臨淄，齊襄王也封田單為平原君。

《平家物語》或《源平盛衰記》肯定是像這樣仿效中國的古書，讓旭將軍木曾義仲的功名流傳後世。

留下無數傳說、故事的謎樣大怪物「鵺」到底是何方神聖？

讓年幼的天皇嚇得不知所措的謎般黑雲

據說近衛天皇（一一三九～一一五五年）每晚都因為某物而惶惶不安，難以入眠——每到深夜，京城東三條方位都會湧出一團黑雲覆蓋整座御殿，讓天皇不顧身邊還有宮女隨侍，總是被嚇的失態。當時近衛天皇尚且年幼，沒人知道這團黑雲到底是怪物來襲，還是某種妖魂想附身天皇。

宮廷雖然立刻請來南都奈良興福寺與北嶺北叡山的高僧或上人施法驅邪，卻絲毫不見效果，於是天皇召來源氏與平氏的武士。當時源賴政的官位為兵庫頭，至於他被稱為源三位賴政，那還是日後的事。

賴政那貫穿妖雲的箭到底射穿了什麼……？

賴政將心腹郎黨與武將豬隼太（早太）招來南殿，夜觀天色之後，約莫深夜時分，前述的黑雲又從天而降，籠罩於近衛天皇寢宮上空五丈（約十五公尺）之處。

賴政定睛一看，發現黑雲之中似有某物後，便將尖箭搭上慣用的強弓朝黑雲發箭，黑雲之中的某物也「咚」的一聲，應聲落在庭院裡。

豬隼太見狀立刻飛撲過去，不斷以手中名為鎧通的短刀刺了數回，刺得該物失去氣息後，這才發現此物「頭如猿、軀（胴體）如狸、尾如蛇、四肢如虎，啼聲近似鵺」，是前所未見的超級怪獸。

收拾這隻珍奇異獸之後，近衛天皇的疾病便不藥而癒，賴政當然也因此名震天下。如果這隻怪物被射落庭院後，還「嘎——」地往賴政與豬隼人的方向衝過來的話，賴政與豬隼人肯定會以手中的太刀收拾這隻怪物，但要攻擊遠距離的敵人，最能建功的武器莫過於弓箭，所以武士的功勳才又因此稱為「弓矢之譽」。

在降伏這隻鵺的武者畫之中，賴政的箭射中長得像猿猴的怪物的額頭之餘，賴政用弓背壓制這隻怪物，豬隼太也跨坐在怪物的肚子上，揮舞著鎧通。如果這隻鵺像八岐大蛇那麼巨大，賴政等人恐怕沒辦法解決這怪物，但如果這隻怪物「四肢如虎」，那身體的大小應該跟老虎差不多大，不對，既然身體像狸貓，那麼體型應該不算大，而且也已經被射中要害，所以才能在短時間內給予最後一擊吧。

鳥？哺乳類？還是虛構的怪物？

在解決怪物之後，仍與平家軍作戰，最終於年屆七旬時切腹自殺的賴政，以及在降伏鵺之際顯盡英勇，在小兵之間大受好評的豬隼太之後又有什麼發展？若能寫成小說一定很有趣，但可不能就此把被打敗的鵺晾在一旁，應該要把鵺與三上山大蜈蚣這隻被別號俵藤太的藤原秀鄉收拾的怪物以及八岐大蛇放在一起討論。

關於這隻被賴政收拾的鵺，第一個疑問是，這隻怪物真的是鵺嗎？書上可只有寫著「其啼聲似鵺」，所以這個故事應該分類成收伏怪鳥的奇聞，但似乎又有哪裡不太對勁。這隻被賴政射落的怪物沒有翅膀，四肢又像老虎，所以這隻怪物應該不是鳥而是哺乳類，而鵺則是發出詭異啼聲的鳥類。

話說回來，鵺到底是何方神聖？大部分的人認為鵺就是虎鶇，而虎鶇是一種白色身體帶有細長黑斑，身長約三十公分的鳥，不是候鳥，白天也不太會鳴叫。《和漢三才圖會》雖有「其聲如休戲」，但根據短歌詩人若山牧水所述，這種鳥會先連叫幾聲「嗶—嗶—嗶—」單長音，再以「咻—」作結。啼叫聲結束的同時，會挾雜著似有

於京都出現的鵺之圖。取自＜木曾街道六十九次之內　京都　鵺大尾＞（歌川國芳）

降伏鵺的源三位賴政之畫。取自＜源平盛衰史：少年大日本國史＞（三浦藤作著他／文化書房）。
（左圖）以手中的弓箭與怪物作戰的源三位賴政之畫。取自＜大日本名將鑒＞（大蘇芳年稿／伊藤倉三）。

若無的「嗯」鼻音。簡單來說，就是「嗶—嗶—嗶—咻—嗯」的叫聲，一連串的啼叫聲結束後，過一會兒，又會於其他場所聽到同樣的啼叫聲。牧水也以「無處話淒涼」、「誘人行至狹深之處的聲音」這類詩句將虎鶇的聲音形容成美麗又纖細的歌聲。《和漢三才圖會》也提到這種虎鶇「常見於洛東與各處深山」，但沒有將這種虎鶇形容怪鳥的記載。

於日本各地現蹤的妖獸・鵺之傳說

北海道動物研究家永田洋平則認為，愛奴族口中的「orankurukamui」（夜鷹的一種）就是鵺。

此外，除了賴政的故事之外，其他還有許多降伏鵺的故事，也有許多親耳聽聞鵺的啼聲的紀錄。最早的記載是神話時代，其他像是賴政名震天下之前的天仁元年（一一〇八年）、永久三年（一一一五年）、天養元年（一一四四年）也有相關的啼聲記載。即使是史書《吾妻鏡》或古典文學《太平記》，都有啼聲或現蹤的紀錄，甚至中古世紀之後，也有許多關於鵺的記載。

賴政於二條天皇在位期間的應永二十三年（一四一六年）五月，第二次為天皇擊退鵺。時值五月，天空正下著毛毛細雨，怪鳥雖然只叫了一聲，但箭術精湛的賴政旋即以小枝的響箭射落。不過後來似乎發現，這隻怪鳥只是普通的鳥（虎鶇？）所以此事並未廣為流傳。

無獨有偶，應永二十三年五月，賴政之外的人也收伏了鵺。妖鳥於北野神社的二叉杉現身後，發出「其聲之壯，巨竹慘遭蹂躪，社頭無不軋軋作響」的啼聲，嚇得剛好前往參拜的人渾身發抖。

於神社擔任神職的某位神人雖射落這隻妖鳥，但發現「其頭似貓，身如雞，尾如蛇，眼大有光」，是極為罕見的妖鳥，但相較於源三位賴政在仁平三年射落的第一隻妖鳥，這隻妖鳥似乎有些退化。

<新形三十六怪撰 豬早太於後宮刺鵺圖>取自（芳年／松木平吉）

遠勝軍功的價值？以制伏大山豬一舉聞名的男人

鎌倉時代的猛將仁田四郎的英雄傳說

仁田四郎是鎌倉時代初期的武將，本名為仁田四郎忠，但我那個時代學到的名字是仁田四郎。這次一樣又是源賴朝於富士山腳舉辦卷狩[3]，獵到大山豬的英勇事蹟。之後聽到曾我兄弟報仇的故事，得知擊敗哥哥曾我十郎（祐成）的是仁田四郎之後，嚇得直呼：「沒想到居然是這樣啊！」

故事的作者應該是為了事先宣傳這位仁田四郎的勇猛，才故意安排了仁田四郎在賴朝主持的卷狩收拾大山豬的情節。仁田四郎在一般辭典的記載有兩個，一個是仁田四郎隨源範賴從軍後，於西海與平家軍作戰，另一個是討伐了曾我十郎，但很少提到他收拾大山豬的事蹟。

但是就動物研究家的我來看，收拾大山豬才是大事，因為在日本，能獨力制伏山豬的人是勇士，而且場景還是在富士山腳的卷狩，這可是賴朝主持的活動之中，屬一屬二的盛事啊。

[3] 日本中古世紀為了娛樂、祭祀或軍事訓練所進行的圍獵。

富士的卷狩場景很難拍成電影？

我對四郎制伏大山豬的故事有一點很在意，想必聰慧的讀者也早就注意到了才對，不過也有可能只是我腦袋進水……。

讀完制伏大山豬與曾我兄弟報仇的故事之後，或許大家會以為賴朝公每年都在富士山腳舉辦卷狩，五郎與十郎這對曾我兄弟則趁著其中一次行刺賴朝公吧？但實情並非如此。賴朝於富士山腳舉辦卷狩的時間是建久四年（一一九三年）五月，而且從頭到尾只舉辦過這一次，為的是宣示他統一了天下。

這場卷狩號稱騎馬武士一百萬名、勢子（助獵的人）數萬名以及無數的獵戶隨行，搞得如市場般人聲鼎沸，當然不會一天就結束，所以也不是每年想辦就能辦。

仁田忠常畫像。取自＜新形三十六怪撰　仁田忠常洞中見異圖＞（芳年／松木平吉）

書中沒提到制伏大山豬的那天是這場卷狩的第一天還是最後一天。讀者大概自行想像混在武士與勢子之中的曾我兄弟見證了仁田四郎有多麼神勇，但這個場景真的很難拍成電影，一來要先拍出幾萬名大喊大叫的勢子拿著樹枝、石塊發出巨大聲響，將鹿、狐狸、兔子、狸貓、熊趕出藏身之地，二來要拍出重裝騎在馬上的武士英勇地射到這些獵物，三是要拍出無數的野生動物彼此踩踏的震撼場景，這些都不是容易拍攝的場景。我曾在【夜討曾我】這部電影看過相當於這段情節的場景，但一點都不壯觀，只拍出兩、三頭鹿與兔子四處逃竄的畫面。老實說，我希望這個場景至少要有幾頭生猛的大山豬跑出來，再搭配其他成群竄逃的動物。

突然竄出來的大山豬是身中數箭、負傷狂奔的大山豬。有兩三騎的武士因為沒射中牠而落馬之餘，這隻大山豬在武士團團圍住下，步步接近正在欣賞這場人豬搏鬥的賴朝。據說就在這千鈞一髮之際，仁田四郎躍上失控的馬，策馬往大山豬直奔而去，並在與大山豬交錯之際，以迅雷不及掩耳的速度躍上豬背，抓住豬尾巴充當馬繩，如此神勇簡直如天神下凡。四郎翻開鹿皮製作的行騰（披在袴外面，保護雙腳的打獵裝束），抽出太刀，想一舉收拾大山豬，但其實該用的不是太刀，而是較短的鎧通，否則朝反方向彎的刀刃是插不進大山豬的身體的。從書中「連刀柄都刺進大山豬身體，大山豬才應聲倒地」這段敘述來看，四郎手中的刀必須是短刀，否則根本插不進去，尤其豬的肩膀有一塊稱為「kalkan（karukann）」的部位，這個部位非常硬，刺的時候不閃開這裡，刀尖根本刺不到心臟，也無法給大山豬致命一擊。

據說大山豬倒地的時候，四郎從大山豬的身體抽出太刀之後，又補了兩、三刀，接著向賴朝鞠躬行禮，靜靜地接受圍觀者的喝采，這就是所謂的大將之風。

在深谷打倒老豬的大谷古豬之助

在讀過各種制伏大山豬的武士傳說之後，就必須談談「三羽鴉」的故事。繼仁田四郎之後，有位武士也在戰國時代闖出名號，他就是大谷古豬之助。這位武士是戰國名將山中鹿之介扶植的「尼子十勇士」的其中一位。關於這十位勇士是如何進入尼子家的，每位都有自己的故事，而且都很精彩，不過大谷古豬之助的故事卻很單純。

或許大家以為是山中鹿之介將古豬之助推薦給尼子家，但其實這兩位是同伴。當他們兩個走在山陰地區的某處山麓，突然看到一頭大山豬正在追獵一匹狼，此時古豬之助二話不說，先一拳擊倒了狼，接著轉身對大山豬擺出架勢，一旁的鹿之介問道：「喂，你打算連那頭山豬也制伏啊？」古豬之助答道：「對，請欣賞我怎麼收拾那頭山豬」，鹿之介狐疑地問：「要是那匹瘦狼也就罷了，那頭大山豬怎麼可能空手制伏得了」，古豬之助回答：「多說無益，請在一旁靜靜欣賞吧。」語畢便追了上去。一個閃身，避開張開大嘴，準備撕咬對手的大山豬後，古豬之助順勢將大山豬拽往旁邊的石頭。等到鹿之介走近一看，這頭大山豬已奄奄一息。

親眼看到這位山村野夫施展神力的鹿之介，便根據在深谷制伏這頭老山豬的故事，替古豬之助取了「大谷古豬之助」的名號，也讓他躋身為十勇士之一。尼子十勇士與當時的豪傑一樣，原本都是沒有名字的山野村夫或漁民，後來都以這類名號在江湖闖蕩，例如荒浪碇之助原本是在海上乘風破浪，輕易就能甩動巨錨的漁夫，而橫道兵庫之助則是與鹿之介在兵庫的岔路遇到的人。

不過，明明這頭老山豬該是被狼群吞吃入腹的角色才對，居然反過來追獵野狼，可見這隻山豬有多勇猛，還是說，這隻山豬在鋪滿枯葉的地方打盹時，被不知好歹的小野狼打擾了？

用山刀一擊結束大山豬性命的堀尾吉晴

「制伏大山豬的三羽鴉」的最後一人，就是在日後飛黃騰達，受封遠州濱松十二萬石諸候的堀尾吉晴。享有「激流般之信長」的戰國霸主織田信長在攻打稻葉山城的齋藤龍興時，最終是由木下藤吉郎麾下的區區七人結束這場戰役，據說他們是從後山的水門口偷偷潛入城內。當這七人組成的敢死隊悄悄來到稻葉山的山頂時，突然有頭大山豬從奇石嶙峋的獵戶小徑竄出，後面還有一位看起來像獵戶的少年，踩著如小鹿般的步伐緊追不放。

一如古豬之助空手制伏大山豬，這個故事的精彩之處在於少年徒步追獵大山豬的情節。追上大山豬，並且以向後跨坐的姿勢坐在大山豬背上，說明了少年的身手有多麼矯捷。

「那少年是何人？」「是在學仁田四郎嗎？」正當藤吉郎與蜂須賀小六看得目不轉睛時，藉著黑夜裡的一縷月光抓住大山豬尾巴的少年已利用腰際的山刀刺穿大山豬尾巴與肛門之間的部位，這裡也是所有動物的要害。被刺中要害的大山豬在一陣狂奔後，撞上了石頭倒地，但坐在大山豬背上的少年也昏了過去。藤吉郎救醒少年後，問了問少年的家門，才發現原來這位少年是織田家堀尾忠左衛門膝下一子，名叫茂助（吉晴）。茂助為答謝藤吉郎，便為藤吉郎帶路，也在進攻水門口的時候幫了大忙，之後便成為藤吉郎的「十勇士之一」，立下不少戰功。雖然後面也有許多少年出英雄的故事，但與山豬有關的（？）似乎僅堀尾茂助一人。

日本首隻協助主人的知名軍用犬——犬獅子

為主人帶來勝利的名犬始祖

歷史作家山岡莊八在取材自《太平記》的長篇小說描述了主角帶著自家的狗，前往新田義貞的陣營拜訪，兩人互相打過招呼後，義貞身邊突然傳出猛犬的低吟聲，義貞便大聲叱責：「犬獅子，這是客人，別凶！」作者讓這位在吉野朝（日本史上的南北朝）時代與楠木正成齊名的猛將新田義貞與其愛犬犬獅子在故事裡登場。這隻登場氣勢如此豪爽的犬獅子，其實是義貞近臣畑時能的愛犬。時能被譽為「第一位利用狗作戰的武將」，《太平記》也將犬獅子形容成「不可思議的狗」。

這意味著犬獅子是日本第一隻軍用犬。有時這隻狗會與畑時能一同潛入北軍陣營（足利尊氏的陣營），如果發現敵軍戒備森嚴就只叫一聲，如果敵軍正在呼呼大睡，就會搖尾巴通知時能，時能也會根據這個訊號對北軍發動夜襲，讓敵軍難以安眠。

讀到這些事蹟後，不難想像這隻狗身懷異能，而且不是只會狂吠或撕咬敵兵，搗亂敵軍陣腳的「猛犬」。從在該吠叫的時候只叫一聲通知主人這點來看，犬獅子絕對是隻聰明絕頂的狗，而且狗通常會在開心的時候搖尾巴，鬥輸的時候夾著尾巴逃跑，所以能以搖尾巴的方式為主人帶來勝利，就知道犬獅子絕非凡狗，的確，在軍書或文藝小說裡，犬獅子那獨具特色的智慧通常比勇猛這一面更加突出，在扮演斥候（偵察兵）的角色上，也比人類來得更加出色。

我覺得從這些橋段來看，犬獅子應該不是一隻威風凜凜的巨犬，而是體格精瘦的中型犬，把牠稱為「猛犬」似乎不太適當。在畑時能的武者畫之中，犬獅子通常待在畑時能的腳邊，但雙耳下垂的牠，讓人感受不到絲毫的恐懼感。

由於時能比犬獅子早一步戰死，所以有一說提到，犬獅子因為太過悲傷而跳入九頭龍川自殺。

或許是身邊有隻如此忠誠的名犬，時能似乎很受女性粉絲喜愛（？）每逢時能的忌日，女性粉絲除了吟詩，還會獻上一曲優雅的「吟舞」。

狗約是於一千年前就馴化為寵物

早在吉野朝時代，全日本都有人養狗，而《徒然草》也提到：

「狗比人更善於看門，所以肯定要養。不過家家戶戶都有養，所以不需要特別餵食。」

由此可知，在當時，家家戶戶都有養狗，也會互通有無，所以狗不是買賣之物。

由於到處都有人養狗，所以偶爾會傳出狗咬人的事情，不過也沒有嚴重到需要圈養，通常都是當成看門狗或獵犬飼養。《枕草子》也有一隻養在宮中的高級寵物狗，這隻名為翁丸的寵物狗也得到主人充滿愛的照顧。以這種方式養狗，狗肯定會越來越多，所以到了平安時代，朝廷內部也曾舉行「獵狗」活動。

與狗站在一起的畑時能畫像。取自＜武勇見立十二支　戌　畑六良左衛門＞（歌川國芳）。

被當成騎馬射箭的活靶

到了室町時代末期，狗也在《桃太郎》與《開花爺爺》這類童話故事登場，分別扮演勇猛與惹人憐愛的角色，在武術大會裡，狗也在騎馬射箭的項目扮演「犬追物」與「鬥犬」的角色。

鬥犬只能是娛樂項目，與武士的訓練沒什麼關係，但犬追物或牛追物這類項目就屬於「十八般武藝」之一。

在野外策馬追趕鹿、兔子、豬，再以弓箭射下這類獵物的競技稱為「追物射」，所以犬追物的意思就是將狗當成獵物，這對狗來說，實在是何等殘忍的行為。

在馬場的中央以繩子圍出圓形區域，再於該圓形區域放出一百五十隻狗，接著弓箭手騎馬進入圓形區域，準備競技。若是有狗跑出圓形區域之外，弓箭手便可放箭射殺。弓箭手共有三十六人，每十二人分成上手、中手、下手三組，分出箭術的高低。

除了犬追物、牛追物之外，劍、弓、槍、薙刀、小太刀、鐵砲、鎖鎌、居合（拔刀術）、柔術、水練（古式游泳）、忍術、十手（捕手手中的武器）、棒、騎馬、蟇目（射箭時，用來發出聲響的孔）、流鏑馬合稱「十八般武藝」，雖然有不少項目在室町時代失傳，卻也有不少項目傳承至江戶時代。

北條高時居然是熱愛鬥犬的暴君？

於《太平記》擔任執權一職的北條高時是誰？

比起真正的歷史，《太平記》所描繪的南北朝人物與事蹟更有「小說情節般的趣味性」。鎌倉幕府的第十四代執權北條高時（一三〇四～一三三三年）雖然是位很有能力的男性，但是私底下的他有點荒誕不羈，卻也趣味十足，例如他會為了民俗藝能的田樂（為祈求豐收而伴著音樂起舞的娛樂）與鬥犬棄政務於不顧，或是在酒宴進入高潮時，與扮成的天狗的人一起狂舞，然後醉得不省人事。

此外，視天皇於無物的高時雖是手握軍權的實力派，卻非常熱中鬥犬，甚至辦了一場窮盡奢華、空前絕後的鬥犬大會。下面是這場鬥犬大會的相關記述。

——整個鎌倉到處可見吃膩了肉，穿著錦服的奇犬，其數約有四、五千隻之多

——沉迷鬥犬的他不是一個月舉辦一次鬥犬，而是一個月舉辦十二次，一旦鬥犬的日子確定，就會邀同族的諸侯大名坐下來一起欣賞。有時兩邊的陣營會放出多達一兩百隻的狗互鬥，霎時間，群狗互相追逐，陷入一片不知天地的混戰，互咬的狂吠聲甚至可撼動天地。

不管是鎌倉時代、吉野朝時代還是室町時代，就連在江戶時代之後，也不曾見過當權者或富豪舉辦如此大規模

的鬥犬大會。

因頹廢的興趣而犧牲的狗

我是覺得，如果真的想看狗咬狗，讓萬中選一的猛犬對決，可能比較有趣一點，但高時似乎喜歡看一群狗互咬，不過讓兩百多頭狗分成兩大陣營互相撕咬，咬成一片混戰，已經不算是興趣或嗜好，充其量只能算是看熱鬧，到最後，在一旁圍觀的諸侯也無心陪高時胡鬧，只能在一旁陪看。

不過，這種一再讓動物互相殘殺的興趣實在太過頹廢、太過嗜血，也實在罪孽深重，沒想到這一個個殺狗、虐狗的人居然能如此無動於衷。

如此自甘墮落與荒誕的鎌倉幕府會在日後被楠木正成顛覆也只是剛好而已。

這算是大江山系列還是羅生門系列的戲碼？從這些惡鬼手中奪取天下的天狗放聲大笑與四處作惡恰恰順應了這個時代。聽完上述鬥犬大會的無理取鬧後，這些狗狗的下場究竟如何？被鬥死的狗狗有被好好地供奉嗎？當時怎麼可能有人同情這些狗狗！「就像是建武中興[4]般，高時怎麼可能會收拾善後！怎麼可能！」天狗們一邊冷冷地嘲笑高時那沉迷鬥犬的模樣，一邊以手中的羽扇搧動這一切的荒唐。

[4]原書註：指的是後醍醐天皇推翻鎌倉幕府，重新親自掌權的這段歷史。不過天皇過於偏袒自己人，致使武士沒有得到應有的賞賜，招致足利尊氏叛變，後醍醐天皇的親政也僅維持兩年多就瓦解。

北條高時的肖像畫。取自＜先進繡像玉石雜誌　第6、7卷＞（粟原信充（柳菴）著／椀屋喜兵衛）。

照片：安放北條高時靈柩的圓覺寺。

與天狗共舞的北條高時畫像。取自＜芳年武者無類　相模守北條高時＞（大蘇芳年）。

元弘之亂的下赤坂城之戰。取自＜楠公一代繪卷赤坂城之戰＞（土佐光成）

加藤清正其實是用鐵砲降伏老虎？

比朝鮮士兵更令日本軍棘手的野生老虎

就一般人的認知而言，加藤清正降伏老虎的故事是在文祿二年（一五九三年），豐臣秀吉向朝鮮進軍的時候發生，當時的日本軍雖然勢如破竹地推動戰線，卻覺得「相較於朝鮮士兵與明朝軍隊，當時於四處棲息與出沒的虎群更令我軍難以應付」。不過，我們可不能看到這番敘述就信以為真，因為自古以來，老虎就不是群居動物。

根據流傳的故事所述，清正的軍隊行至咸鏡道之際，突有數匹馬兒被老虎襲擊，名為上月左膳的小姓（加藤清正的近侍）也因此被咬死，為此勃然大怒的清正便下令全軍獵虎。清正最為人所知的招牌造型是長烏帽子型的頭盔與單刃的單鐮槍。這柄槍有左右成對的上弦月型刀刃，但其中一邊於某次作戰時折損，成為所謂的單鐮槍，也因此廣為人知。

在多數人的認知裡，清正是以這柄名槍制伏老虎，但在一七三九年寫成的戰國武將佚事錄《常山紀談》的自序卻不是這麼說的。該自序提到，清正是以鐵砲（火槍）擊殺老虎，而不是以單鐮槍刺殺老虎。

這本由湯淺常山所著的《常山紀談》收錄了從室町時代的天文、永祿年間到江戶時代初期這五十年裡，各方名將與名士的名言與佚事，篇數多達四七〇餘篇。

如果是一對一的人虎對決，鐵砲顯然比單鐮槍來得更加安全，但鐵砲無法烘托清正那清雅高貴的武者形象，所以把清正擅長的武器換成知名的單鐮槍，在我那個年代提到加藤清正，就只有忠誠的名將、政治家與使槍高手這些印象。

在這場戰爭裡，日本兵或戰馬當然有可能被老虎襲擊，因為再怎麼說，老虎可是能與熊或山豬相提並論的對手，也是日本前所未見的大猛獸，故事當然也是越誇張，越能引人入勝，而且一提到老虎，大部分的人會立刻聯想到一些粗俗的事情，例如虎肝是最棒的春藥，虎肉是百藥之長，能讓人延年益壽，虎皮則是可賣得千萬黃金的奢侈品。於當時遠征朝鮮的日本諸將爭相將虎肝、虎肉與虎皮獻給秀吉，恐怕也離事實不遠吧。

不過，虎肝、虎肉是靈藥的說法純粹是一派胡言，所以除了清正的故事之外，獵虎的故事只有「一飲而盡就得到日本號這柄名槍——後藤又兵衛的英勇事蹟」流傳。

眾人垂涎的天下名槍「日本號」

有關日本號的故事大致如下。某日，秀吉從後陽成天皇獲賜一把御劍，秀吉在此劍裝上長約九尺（約二點七公尺）的槍柄，讓這把劍化為一柄長槍，並且將這柄長槍立於陣中。當秀吉聽聞麾下的福島正則在作戰時，不慎折斷手中的長槍，便說「就改用這柄槍吧」。原本秀吉只是打算把手邊的一般長槍賜給福島正則，卻不小心將天皇賞賜的名槍「日本號」贈出。雖然秀吉事後發現送錯槍了，卻礙於身份，說不出「我送錯了，還來」這種話，只能不甘不願地說：「就把這柄名槍賜給你吧」，受賜的福島正則十分感激，也非常珍惜這柄日本號。

之後，福島家來了一位使者，而這位使者是黑田長政麾下的母里太兵衛（友信）。太兵衛是名勇猛不下於後藤又兵衛的豪傑，也是喝了酒就發酒瘋的酒豪，所以身為主君的長政在太兵衛出發之前，特別囑咐他：「去別人家，一杯酒也不可喝。」這個桀傲不遜的男人是道道地地的黑田武士，在完成使者的任務之後，福島正則賜酒，結果太兵衛便謊稱：「在下打出娘胎一來，就一滴酒也沾不得，便是一滴竹葉上的清露也能讓我醉倒，酒力之弱可說是登記在案。」向來喜歡強人所難的福島正則聽到這裡怎麼可能放過太兵衛，便一直催酒，太兵衛這邊則是以不勝酒力為托詞，最後被逼急的福島正則便說：「要是你喝，想要什麼我都給你。」酒鬼太兵衛當然不會放過這個機會。

「所以，你要何物？」「主公的首級如何？」「你說什麼？」「原本是想這麼說，但恕我失禮，希望能得到那柄眾人皆知的御槍」

「這可是日本號啊，只有這個不能給你」

「這可就難辦了啊。難道主公打算對在下出爾反爾嗎？」「呃、呃……」，於是太兵衛就靠著「喝酒取得」這柄日本第一名槍。這就是那知名的「黑田節」的由來。現代甚至有人可以在表演「黑田節」的時候，連「打嗝」這個橋段都唱出來。

加藤清正的肖像畫。取自＜肖像 1之卷＞（野村文紹著）

後藤又兵衛得到「日本號」的手段是？

雖然上述的故事已充滿了趣味性，但如果就這麼收尾，最重要的大老虎就沒機會出場了。於是這個故事後面又繼續介紹後藤又兵衛與母里太兵衛進軍朝鮮，收伏老虎的趣譚，這也是繼加藤清正的故事之後，第二個收伏老虎的故事。

這場戰役的日本軍屢屢為老虎所害的故事就從黑田長政的愛馬「春霞」被老虎咬死的情節開始，這也是獵虎行動展開的契機。愛馬被咬死的長政在盛怒之下，下令全軍獵虎，又兵衛便拿著名為當麻的愛槍，走進朝鮮的深山獵虎，但一無所獲。

走著走著，突然看到母里太兵衛正與一頭大虎搏鬥，而且身陷險境。太兵衛雖然用手中的日本號刺中大虎，但大虎一個翻身，用兩腳的爪子緊緊壓住槍柄的千段卷部位（纏繩的部分），令太兵衛無法繼續往前突刺。假設此時放下手中的槍，改以腰間的太刀應敵，在抽出太刀的瞬間便會陷入危險。當又兵衛看到太兵衛處於劣勢，當然是想助一臂之力，但此時的他突然心生一計，便「哇哈哈哈」地放聲大笑了起來。結果太兵衛便大喊：「喂，是後藤嗎？你在笑什麼！」「哈哈哈，要是在下就這麼走掉，閣下可就要被老虎吞進肚子囉。話說回來，你也沒辦法對付牠吧，這不好笑的話，還有什麼好笑的呢？」「啊、啊，老虎這傢伙一步步踩著槍靠過來了，喂，後藤，快幫忙，我什麼都可以給你。」「這樣啊，好吧，我就幫你吧，不過你可以把那柄日本號給在下嗎？」

此時的趁人之危其實有點半開玩笑，但又兵衛玩笑歸玩笑，還是用自己手中那柄當麻，一口氣刺進老虎的身體，老虎便回過頭說：「哪有這樣的，又兵衛。」

關於這個橋段還有另一個趣譚可以介紹。話說近藤勇的岳父近藤周助將道場讓給近藤勇之後，便過著隱居生活，此時他最大的樂趣便是去聽有關行軍打仗的故事，尤其喜歡「哪有這樣的，又兵衛」這個冷笑話的橋段，所

與本多忠勝對峙的加藤清正。取自＜大日本歷史錦繪＞。

以每次聽完後，都會興沖沖地對著近藤勇、土方歲三、伊庭八郎、沖田總司再說一次，不過這類橋段或浪曲（類似數來寶或相聲，會以三味線伴奏）終究是「有興趣才聽得下去」，被強迫著聽就不有趣，所以每當近藤周助在說這個故事時，都會請這些傢伙吃蕎麥麵，做為「留住聽眾的費用」。有蕎麥麵可吃的時候，大伙還願意靜靜地坐著聽，但是一吃完蕎麥麵，便一個兩個地溜掉，等到準備說「哪有這樣的，又兵衛」的橋段時，就只剩周助與勇兩個人面面相覷了。

於日本各地流傳的「河童悔過書」的傳說

清正的「獵殺河童」改變了人類與河童的關係

在關原之戰結束後擔任肥後守的加藤清正曾因自己的近侍被河童吃掉，便通令肥後全國獵捕河童，聽聞消息而嚇得不住發抖的河童便向清正道歉，發誓再也不加害肥後的子民，祈求清正的原諒。這就是於全國流傳的「河童悔過書」故事的雛型之一，也是最具代表性的一則。

人類與河童之間的糾葛多半是與河童玩相撲有輸有贏，或是河童拉馬尾巴的惡作劇，但這次的紛爭是從近侍被殺害的情節開始，後續又衍生出各種傳聞。感覺上，「肥後一國的河童不會害人」的故事應該只是反映了清正所處的戰國時代充滿殺戮這件事，後來也幾乎沒聽過什麼河童殺人或獵殺河童的故事了。

河童是妖怪還是動物？

河童到底是不是動物呢？雖然應該先從這個問題問起，但是在討論河童的真面目時，最先想到的是水獺，其次會想到流浪兒（人類小孩），最後會想到巨大的青蛙。假設河童真的「存在」，那從上述的推論來看，河童應該就是動物吧。

河童可能是水獺的故事有很多，例如享保十一年（一七二六年），讚岐國有位名叫孫八的男子與山城屋甚兵衛

照片：茨城縣牛久市牛久沼的河童像。

之子甚太郎玩相撲的時候，發現甚太郎居然是水獺幻化而來的人類。

到目前為止，好像沒有什麼民間故事解釋河童愛玩相撲的緣由，但就常理來看，河童就算幻化為小孩，要在相撲贏過所有小孩應該也是輕而易舉，只是一旦不小心讓頭頂盤子的水濺了出來，就會立刻變弱，所以才沒辦法玩相撲吧。此外，如果對手是吃了佛壇祭品的小孩，河童也贏不過這種得到佛祖庇護的小孩。或許正是因為這種河童受到詛咒，淪為弱勢的形象，所以才出現河童擁有可接回斷臂的靈藥的傳說吧。

最常於河童靈藥的故事登場的動物是馬。河童雖然是會以「幻化之術」迷惑人類的妖怪，但不像狐狸那麼聰明，每次要拔馬尾巴的時候，就會被馬拖著到處跑，然後被一大群人活逮，失去一隻手的河童會苦苦哀求：「行行好，把我的手臂還給我。」不過有的河童會虛張聲勢地說：「要是不把手臂還給我，我就要讓你的子孫不得安寧。」有的則是會說：「只要把手臂還給我，從明天開始，我每天都會送魚到你家。」利用人類的貪心達成目的。

「所以你能治好還給你的手臂嗎？」從這個情節便可知道河童一族有代代相傳的靈藥。其他還有很多有趣的故事，例如對河童心生憐憫的老人替河童付了贖金（？），結果河童為了報恩，傳授老人製作靈藥的方法，或是伶牙利齒的婦人替河童談條件，只要河童能拿回斷臂與重獲自由，就要傳授眾人靈藥的製作方法。

河童與馬那非比尋常的關係

古典文學《裏見寒話》與《譚海》的河童悔過書故事提到，河童一族在傳授妖術時，會用到馬尾巴，所以才會傳出各式各樣河童與馬的故事，民族學者石田英一郎也因此寫了《河童駒引考》這本鉅著。

這本著作提到，河童之所以要拔馬尾巴的毛，並不是為了傳授妖術，而是要拉近河童與猴子的關係，再導出「馬廄與猴子」這個民族學的大題目。在馬廄養猴子的習俗非常普及，甚至已從日本傳至印度，所以只要拉近河童與猴子的關係，就能主張這種說法有憑有據。乍看之下，善於爬樹的猴子與水中（或是海中）霸主的河童沒有半點關係，但其實猴子很會游泳，也愛泡溫泉。除此之外，河童還有「猿猴」這個名字，與馬的關係也很深，甚至會傷害馬（想要拉馬——駒引一詞的由來），但從來沒聽過河童贏過馬的故事，可見在雙方的關係之中，馬才是主人。

讓猴子與馬一起生活（在馬廄養猴子）的話，猴子的確可幫馬驅除寄生蟲，「馬廄與猴子」這種習俗也是源自這裡。

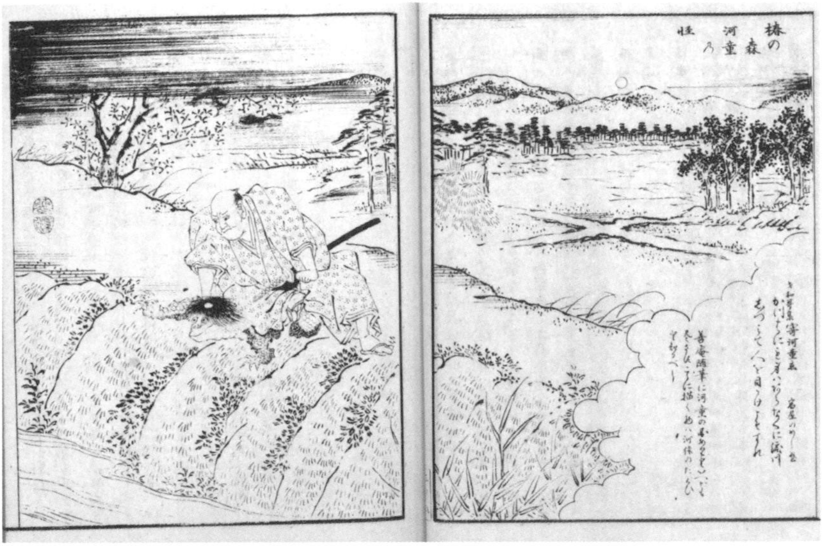

抓到河童的人。取自＜尾張名所圖會 附錄 卷3＞（岡田啟、野口道直篇／名古屋溫古會）

為什麼河童那麼想跟人類玩相撲？

到目前為止，還沒有任何民間故事可以說明河童喜歡相撲的理由，但民族學大前輩柳田國男曾以自古流傳的「盂盆蘭節過後的河童怪談」（於《妖怪談義》收錄）加以解釋。

我認為河童跟人類玩相撲算是一種「人與動物互相適應」的進化過程，而且河童也只跟夠資格的人玩相撲。對會幻化的物種敬而遠之，雖然可獲得暫時的和平，但終究得屈於這些怪物的統治，而在柳田先生的說法裡，算是人類與動物互相適應的第一期，時間約為古代，等到人類慢慢懂得思考後，了解這些怪物根本不存在，也沒什麼好怕的，假設真的存在，加以討伐就好，甚至想親眼見識一下怪物的存在，這個時代為第二期，相撲則屬於人類與河童的直接對決。

接著是與不相信怪物存在的人們溝通，以及透過神佛之力、計謀與「怪物們」交涉、交易，勸降的時代來臨。這時代屬於第三期，也一直延續到現代，怪物也被全盤否定與瀕臨滅絕。

柳田先生提到「這也暗示著相撲這項競技那段至今未解的歷史」。此外，柳田先生也解釋了相撲為什麼是定期舉辦的神事（神社的儀式或活動），而不是對付河童的格鬥技或體育活動，也說明相撲為什麼會演變成現在這種形式。力量是由神靈加持而來，而了解這股力量的方法就是相撲，優秀的相撲力士會受人尊敬，也會變得自負，進而透過這股力量保護家鄉，或許這也是號稱武士之首的「地方頭目」的起源。

河童有可能就是以相撲挑戰各地方的強者。河童與山人（住在山裡的人形妖怪）必須與這些強者較力，宣示自己的力量有多強。落敗的一方會得到庇護，若是遲遲分不出勝負，就必須鏖戰到底。柳田先生最後得出「妖怪就是古代信仰的餘溫，會在人們進入下一個信仰之際出現，拉住我們後腦杓的頭髮[5]，讓我們戀戀不忘」。河童也在與人類抗爭的末期留下這些「悔過書」的故事後，就此消失得無影無蹤。

[5]日文的「後ろ髪を引かれる」（後腦杓的頭髮被拉住），有戀戀不忘的意思。

為了直諫主君硬是吃下一擊而犧牲的猴子

讓諸侯不知該如何是好的太閤──秀吉的惡作劇

秀吉似乎不是個喜歡動物的英雄，在我反覆探尋秀吉的生平之後，只發現秀吉在成為至高無上的太閤之後，曾有一段時間養了猴子。想必光是聽到這裡，會有很多人忍不住噗哧地笑了出來吧，因為大家都知道，秀吉年輕時曾被戲稱為「猿面冠者」，長相與猴子相似。

「說不定猴子也覺得我長得很像牠，所以才把我當同伴，願意親近我。」秀吉談起這段年輕時的回憶，惹得全場哄堂大笑。當臣服的諸侯恭敬地跪拜在地，向秀吉問安時，喜歡惡作劇的秀吉突然用力戳抱著的公猴的屁股。被嚇得立刻往前跳的公猴一會兒揪住諸侯的耳朵，一邊兒捏捏諸侯的鼻子，不然就是扯下諸侯的官帽。雖然各位諸侯很想對猴子大喊「你這無禮之徒」，奈何飼主是太閤殿下，也只能敢怒不敢言。

據說也有覺得很煩的諸侯在說了句：「好吧，既然要這樣的話」之後，便徹底地揍了那隻公猴一頓。傳說中，敢揍猴子的諸侯有兩位，一位是那位名震四海的伊達政宗，另一位則是曾為秀吉的御伽眾（服侍將軍或諸侯的近臣）的曾呂利新左衛門，不過我覺得兩者之間有很大的不同，因為伊達政宗的豪傑特色太過突出，反觀敢在秀吉面前大開玩笑，或是吐槽秀吉的曾呂利新左衛門比較幽默，比較能勝任揍猴子的這個角色。

秀吉開始這類惡作劇沒多久，身邊的近臣就成為受害對象，覺得自己總有一天會被猴子欺負的新左衛門，便偷偷地去找負責餵養猴子的茶坊主（接待來客的人員）。

新左衛門給茶坊主偷偷塞了紅包後說：「讓我看看太閤殿下最近養的那隻猴子。」茶坊主把猴子牽出籠子後，便先離開房間，而作勢要與猴子牽手的新左衛門則突然將猴子死死壓在膝蓋旁邊，然後將氣力灌注在如砂鍋般大的拳頭，一拳拳打在猴子身上，這對完全不知道自己犯了什麼錯的猴子而言，簡直是飛來橫禍，只好「嘰嘰嘰」大叫，死命掙脫，但新左衛門再次壓住猴子，任憑猴子怎麼咬、怎麼抓也不鬆手。常言道「敵人與猴子都很難纏」，猴子本來就會咬人。被死死壓住的猴子想要甩開新左衛門的手，結果不小心抓傷了新左衛門的手。心想「不礙事」的新左衛門又連續揮了幾拳，痛得猴子放聲大叫。在門外聽到猴子大叫的茶坊主急得衝進房間後，新左衛門才肯放手，讓猴子逃回籠子裡。

豐臣秀吉肖像畫。

以「鐵拳」駕馭猴子的新左衛門

隔天，新左衛門一臉沒發生過什麼事的表情晉見秀吉，才剛伏身說完「拜見尊顏」，秀吉就戳了猴子的紅屁股，準備放猴子下去搗蛋，正當猴子左搖右晃地站了起來，新左衛門猛然抬頭，看到新左衛門那張臉的猴子嚇得「嘰～」一地大叫一聲，便跌坐在地。

一人一猴之間，似乎產生了下列的對話。（……，這不是曾呂利嗎？真是太失禮了！）（有種你這隻山猴就咬咬看）（不敢不敢，真是太失敬了……）

嚇得失魂落魄的猴子急忙逃回秀吉的懷中，新左衛門為了以防萬一，還特別在膝蓋的附近握拳，嚇得猴子像是在跟秀吉討救兵一樣，將臉埋進秀吉的身體裡。

「這是怎麼回事？新左，之前明明聽說你是在泉州堺出生，但其實你是在山中長大的猴老大吧？」

「明明這猴子不怕天下豪傑與猛將的眾臣，居然會害怕像小丑的新左衛門？」一臉狐疑的秀吉完全不知道箇中緣由，而坐在底下的諸侯則不得不憋笑。

「秀吉與猴子」的形象源自大友宗麟？

據說上述這段故事是少年講談作者的神來一筆，但我覺得這段故事的原型應該是豐後的大友宗麟（義鎮）與其家臣立花道雪的故事。這故事原本是《西國盛衰記》裡的創作，卻充滿了殘暴、血腥的劇情，平添了幾分戰國亂世的氣氛。

在這個故事裡，扮演秀吉一角的當然是大友宗麟。宗麟用自己的養的猴子戲弄家臣，挺身教訓猴子的是立花道雪。宗麟在《日本西教史》裡被稱為豐後王，是堪稱亂世梟雄的一號人物。以為他會熱中禪道，卻是一名虔誠的基督徒；原以為善於作戰與精通政治的他會得到領民與家臣的愛戴，沒想到他卻沉迷於歌舞、酒宴與溫柔鄉。時而是賢君，時而是昏君，是名難以界定的人物（《武將列傳》海音寺潮五郎著）。

立花道雪是位名臣，雖然不良於行，卻能坐著由十六名壯漢扛著的轎子，帶領百餘名勇士衝破所有敵陣，他同時是一名善於發掘才能的「勇士教育家」，他曾誇下海口地說：「沒有人是弱者，那些被其他諸侯譏為弱雞的人來投靠我吧，我一定會把你培育成勇士。」

不過放蕩形骸的主公宗麟因為耽於女色，不願與任何臣子見面，只有猴子能得到他的疼愛。只要有臣子想提出諫言，糾正宗麟的放浪行為，宗麟就會任由猴子欺負這些臣子，臣子也因此苦不堪言。

聽聞此事的立花道雪為了讓主公清醒，便藉言「想拜見主公的那隻猴子」而見到主公，宗麟給立花道雪看了心頭肉的猴子後，立花道雪假裝說：「主公的這隻猴子真是惹人憐愛啊，近看真是可愛得不行」，卻悄悄高舉手中的鐵扇，猛然一擊斃了走到他眼前的猴子。「哎呀，這猴子還真是脆弱啊。話說回來，主公啊……」立花道雪立刻挺直坐姿，連珠炮般地提出諫言，也終於說服了宗麟。

雖然這過程有點太過簡單，但這就叫做意氣相投吧，即使是宗麟，除了大吃一驚，也沒辦法生氣。

話說回來，這對猴子來說豈只是災難，簡直是無妄之災，真的是太值得同情了，不過那是為了顧全忠義與節操，不惜以死相諫的時代。在進入和平的江戶時代之後，就很少聽到動物因為人類的倫理或節操而犧牲的故事了。

原本是宣揚立花道雪這位名臣的故事

即使是立花道雪這麼高尚的人物，在亂世之中，人心就是如此殘忍。不過一定得殺了猴子嗎？難不成上述這段宗麟與道雪的故事還另有源頭？我實在不相信立花道雪非得這麼做不可，於是便爬梳相同的歷史，沒想到史實更為驚人，而且沒有猴子這個角色。

原來當時的主公，也就是宗麟過於放蕩，沉迷於女色，不願接見臣子，聰慧的道雪便想出妙招，故意逆其道而行，從京都找來大批美女，沒日沒夜地與這些打扮精緻的美女飲酒作樂，像是要與宗麟一別苗頭。聽到這些事的臣子與宗麟當然難以置信。

「真的嗎？那個堪稱硬漢的道雪真的這樣？」「好像真的是這樣，這真是太難以置信了……」「這樣的話，我就來看看是怎麼一回事吧。」於是，宗麟便召來道雪說：「把你家裡那些美女、妓女全叫來給我瞧瞧。」表情彷彿在說「上當了」的道雪恭敬地回覆「遵命」後，便讓一大群舞女跳了三次三拍子這隻舞，讓宗麟徹底地享受了一番。

好不容易見到主公的立花道雪立刻誠懇地提出自己的意見，宗麟也不是笨蛋，立刻了解道雪的來意，從此收拾心情，也願意接見臣子。

如果這段故事才是史實，應該有人覺得這邊比較精彩吧？但我總覺得少了猴子，故事就不怎麼有趣了。

照片：立於大分站前的大友宗麟像。

在歷史留下眾多紀錄的癩蛤蟆大作戰

排成一列的二萬隻青蛙到底要往哪裡去？

青蛙大混戰的青蛙幾乎都是癩蛤蟆（蟾蜍）。有時候會看到幾萬隻聚在一起打架的樣子，所以才會形容成青蛙大混戰。

首次與青蛙大混戰有關的記錄出現在《日本紀略》或《新補倭年代皇紀》這類史書，其中提到，五月十三日，攝津之國突然出現排成一列的二萬隻癩蛤蟆向南方前進，進入四天寺，到了正午時分，卻又消失得無影無蹤。《新補倭年代皇紀》提到癩蛤蟆數量更多，而且展開大混戰的地點是在天王寺。

保延四年（一一三八年），京都的神泉苑也出現了癩蛤蟆大混戰。

寬喜三年（一二三一年）夏天，平安京高陽院的南大地也出現了一場癩蛤蟆大混戰，只是數量略少，只有幾千隻而已。

應永十二年（一四〇五年），足利義持將軍的庭院也出現了規模達數萬隻的癩蛤蟆大混戰。

元祿之後的正德三年（一七一三年），京都北野天滿宮的石鳥居附近有間茶店，茶店後面的草原也出現了兩大群癩蛤蟆，兩邊加起來的數量高達五～六萬隻，同樣也展開了超乎想像的大混戰。

持弓的青蛙。自《河鍋暁斎粉本 6」（惺惺曉齋筆）節錄

大混戰的目的是為了搶奪異性

這類的編年史記錄了很多次這類癩蛤蟆大混戰，當時的人們也都覺得這有可能是某種異象或前兆，而且這類大混戰一定是在池子的內外側爆發，只是不一定都會予以記載。其實這是再自然不過的自然現象，每年都會在固定的季節發生，而且這不是癩蛤蟆彼此的爭鬥，只是一年聚在一起一次的繁殖活動。

這種繁殖活動會被冠上混戰之名也很正常，因為母癩蛤蟆會先聚集到池子周圍，接著公癩蛤蟆便會一湧而上，爭先恐後地與母癩蛤蟆交配，所以這種為了爭奪異性而爭得你死我活的活動也可算是一種混戰吧。

一般來說，公癩蛤蟆的體型比母癩蛤蟆來得小，交配時，會從母癩蛤蟆的背後抱上去，再將前腳插入母癩蛤蟆的腋下，然後將精液注入母癩蛤蟆排出的卵泡，因為是先抱上去再接觸，所以在日文又將癩蛤蟆的交配稱為「抱接」，不過在同為兩棲類的蠑螈或山椒魚身上就看不到這種交配方式。

這種集體繁殖行動的數量可達數千甚至數萬隻。癩蛤蟆從冬眠醒來後，便會立刻湧向附近的池子、水田或沼澤，爭先恐後地騎上母癩蛤蟆，理所當然地爭搶與母癩蛤蟆交配的機會，所以才會形成大混戰。這類爭搶母癩蛤蟆的大混戰結束後，常會在池子或沼澤裡看到白肚朝天，精盡蛙亡的公癩蛤蟆，光是想像就讓人覺得毛骨悚然。我以前念的舊制中學有座後山，山中的古池每到冬天就會結冰，可以在上面溜冰，但每年都能看到上述癩蛤蟆屍橫遍野的慘況。來不及爭搶母癩蛤蟆的小癩蛤蟆則會被踢出戰場，等到明年再來。大部分的人也知道，只有在這個時期，公癩蛤蟆才會發出悅耳的「勾囉囉……勾囉囉……」的叫聲。

源自人類幻想的蛤蟆妖傳說

明明「大混戰」只是繁殖行為，也不是什麼異象，但能在歷史留下多筆紀錄，又令人嘖嘖稱奇，原因在於癩蛤蟆雖然是日本青蛙，但體型碩大，姿態也很奇特，自古以來，人類對牠們就有無比的好奇心吧。除了上述的外型特徵之外，牠們的皮膚會分泌毒液，而且很多人都知道，明明是青蛙的牠們，居然有時候也會把蛇當食物。舉例來說，治承四年（一一八〇年），京都就有癩蛤蟆與蛇對決，結果殺死蛇的紀錄，壽永二年（一一八三年）也有青蛙與蛇對決，結果蛇敗在青蛙手下的紀錄。人們的想像力都被這些紀錄一而再地激起，慢慢地便把癩蛤蟆想像成某種妖怪。

《續法窗夜話》這本書提到，京都有隻體型碩大的癩蛤蟆把蛇打得半死後，還替蛇挖了洞，將蛇的屍體埋進去。在旁邊見證這場戰鬥的人隔天走到事發的樹下一看，發現那隻巨大的癩蛤蟆正用前腳撥開昨天埋好的土，結果一隻隻像蜜蜂般的蟲從土裡飛出來，癩蛤蟆也趁機一口口的吞掉飛出來的蟲，然後揚長而去。

即使是比蛇還靈活與危險的鼬鼠，遇上癩蛤蟆也是有可能被幹掉的，例如曾有癩蛤蟆在上野的某間寺院埋了鼬鼠的屍體。隔天寺裡的人前去一探究竟，發現癩蛤蟆早已不見蹤影，挖開土堆一看，連鼬鼠的屍體也早已消失。這段怪譚收錄在江戶時代怪譚收藏家、記錄家根岸肥前守鎮衛所著的《耳袋》裡。這位愛寫書的先生的著作提到，一旦有老蟾蜍住在地板下，這家人就會慢慢地精神萎靡不振而生病，若是住在馬廄的地板裡，養在裡面的馬就會死掉，這位奉行大人的書中還寫道：「凡是這種成精的癩蛤蟆，四肢的手指一定是朝後的」。

兒雷也與天竺德兵衛的癩蛤蟆妖術也成為戲劇的橋段之一，演出的聲音響徹劇場的每個角落，而江戶中期的浮世草子[6]《玉箒子》也提到，熱愛妖術的應仁之亂大將細川勝元的真面目居然是隻身高一丈（約三公尺）的大癩蛤蟆。

身為驅使青蛙的妖術師，最後變成歌舞伎戲劇的天竺德兵衛的畫像。取自《天竺德兵衛》（一陽齋豐國）

[6] 江戶時期前期至中期的小說形式。

第三章

從京都到江戶，文化重心大遷移的時代

江戶時代

江戶時代

從京都到江戶，文化重心大遷移的時代

騎馬的男性。取自＜東海道五十三次圖繪＞（廣重畫／村田屋市五郎）。

眾所皆知，「權現樣（德川家康）御開府」，也就是德川一族在江戶創立幕府，江戶時代正式開幕，但京都仍因天皇的加持，保有「首都」原有的尊榮與繁華。

江戶原本是武士為主的鄉鎮，所以除了農耕與做為勞動力的馬匹，還有許多不同用途的馬匹，不過這些馬匹與印象中一樣，都非常瘦弱與嬌小。雖然加藤清正騎著高大的馬匹，讓民眾為之折服，但其實就連武士的馬，也只是「八寸[1]多一點的南部駿馬」。在這個時代裡，每個街鎮的驛站都盡力養了能隨時能載運貨物的馬，舉例來說，東海道的每個驛站都養了一百匹馬，也有一百個人專職照顧，而這種制度又稱為傳馬制。

對這些驛站的人來說，這個時代是文化重心從京都快速移往江戶的時代，也是文化演變速度快得令人目不暇給的時代。只是文化重心雖然往江戶移動，但是將關西一帶敬稱為「上方」（地位較高之意）的習慣還是保留到了後世。

照片：年輕時代的德川家康公的銅像。位於靜岡縣濱松城。

照片：日本原生馬之一的寒立馬。屬於南部馬系列。

[1] 原書註：八寸，馬的體長大約四尺八寸（約一百八十二公分）的簡稱。

和尚的父親是狗？與狗有關的奇譚

來托夢的黑狗到底告知了什麼事情？

江戶時代初期的元和與寬永年間還是戰國餘波未止的時代。《蒹葭堂雜錄》有段與當時有關的記載，內容如下。有隻黑狗來到尾張、熱田的寺廟，出現在慶呑這位住持面前，但慶呑和尚並未飼養這隻黑狗。某天，這隻黑狗在慶呑和尚的夢中現身，並告訴慶呑「我是你的父親」，之後，慶呑和尚便將這隻黑狗奉為上賓，讓牠坐在上位，並且親自餵養這隻黑狗，簡直把這隻黑狗當成父親奉養。

換言之，這故事只有和尚在某天夜裡做了個不可思議的夢的部分是事實吧。也就是來托夢的不是人類而是動物時，原本不會說人話的動物來到夢中之後就能說人話的意思。

由於狗常與人類一同生活，所以我們也覺得狗或多或少聽得懂「人話」。所以若慶呑和尚的父親真的轉生為黑狗，那麼要向慶呑和尚告知身份，就只能像這個故事一樣「透過夢境」了。

在大部分的民間故事裡，狗的位階向來高於狐狸，不管是道行多麼高深的老狐狸，都無法與尋常的狗抗衡，往往會被狗揪出狐狸尾巴。進入江戶時代之後，出現了許多有關狐狸的故事，例如大和的源五郎狐不僅能為農家提供兩人份的勞力，還能做為使者派往他國，即使是單程需要耗費十天的路程，牠也能在七、八天往返，但這麼有能力的牠，居然只是因為「在深夜的山中被狗發現真面目而被咬死」，這還真是令人難以置信。

雖然在日本從沒聽過狗欺哄人類的故事，不過《街談文文集要》曾提到文化七年（一一〇年），江戶田所町的紺屋（染布店）後門有三隻剛出生的小狗（大概是流浪狗生的），其中有一隻的臉長得很像人類。

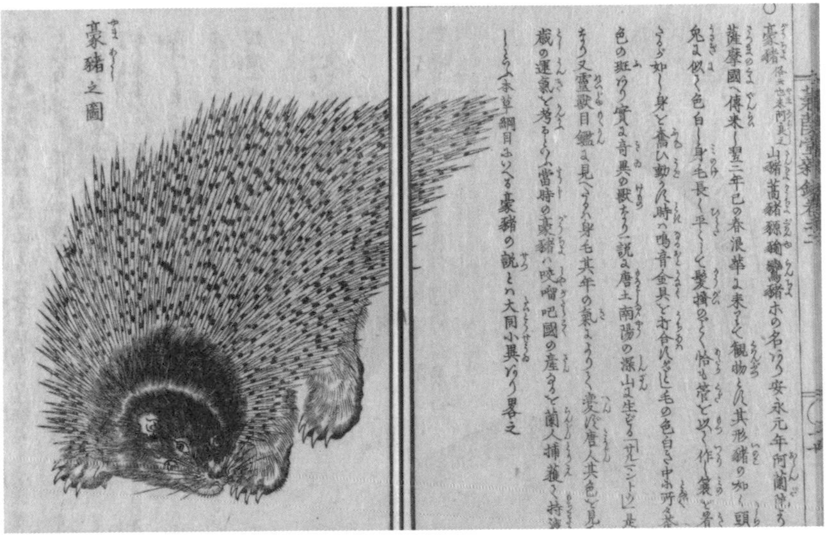

《蒹葭堂雜錄》中記載了許多動物。取自《蒹葭堂雜錄 五卷 2》（木村蒹葭堂著／河內屋藤兵衛與其他八名作者）

記載江戶時代三大馬術名人的《寬永三馬術》

名留青史的名人與名馬的故事

寬永時代是尚武的時代，因此後人寫了許多類似《寬永御前試合》、《寬永三馬術》、《寬永三劍士》的作品詠嘆這個時代。《元和三勇士》、《三家三勇士》、《駿河城御前試合》也是效仿的作品。

《寬永三馬術》既是曲垣平九郎、筑紫市兵衛、向井藏人這三位馬術名人的傳記，也是這三位名人所騎乘駿馬、名馬的故事。

雖然也有從歷經辛苦的筑紫市兵衛談起的例子，但更多的是從實際上名留青史的曲垣平九郎乘馬上下愛宕山石階的故事開始說起。

這一段是講釋師（明治時代後稱為「講談師」）伯鶴最為擅長的段子，我小時候也曾聽過伯鶴的現場表演。當時是請講談師來國中上課的通識教育。根據史實記載，寬永十一年（一六三四年），行經愛宕山附近的第三代將軍德川家光命人去摘恰恰盛開的梅花，此時，四國的高松藩士曲垣便自告奮勇，騎馬登上石階取了開滿梅花的樹枝後，又騎馬登下石階，一時間，名聲便傳遍全日本。這部分的情節是史實，而那棵梅樹則被命名為「將軍梅」保存至今，愛宕神社的石階則立有「出世的石段」（飛黃騰達的石階）木牌。

另外還有一段相關的史實，或許大家以為除了上述的曲垣之外，應該沒有人在愛宕山行如此壯舉，但其實還另有三人。其中一位就是在大正十四年（一九二五年）成功騎馬登上石階的陸軍廄務員（管理馬廄的人）岩木利夫，當時正值ＮＨＫ前身的放送局在愛宕山開局之際，岩木廄務員的英姿也透過廣播放送。（產經新聞平成

二十八年六月十日）

原本是直諫將軍荒唐之舉的伊豆守

不過，要是講談完全照著史實來演，怕是一點趣味也沒有。家光一開始命令旗本（直屬德川家的武士）的松平紋太郎與久世三四郎騎馬上下多達一百二十階的石階，但這兩個膽小鬼居然假裝有病在身，請松平伊豆守做證之後便藉故遁逃。等得不耐煩的家光公便問：「這麼一大群人，竟沒有能與在宇治川打前鋒的佐佐木、梶原比肩的勇士！就讓余騎馬登頂給你們瞧瞧！」這話雖然說得勇猛，但等到家光真的來到石階下面，抬頭一看便覺得此舉凶險萬分。此時家光心想「怎麼可能登得上去」，但礙於將軍一家的顏面，又不能叫人阻止自己，而且就算說了「別阻止我，不准阻止我」，也沒人敢阻止家光。

此時隨行的諸侯悄悄地對人稱「智多星伊豆」的伊豆守說：「伊豆大人，將軍大人好像進退兩難，您要不要上前出聲阻止呢？」不過這伊豆守不知道哪根筋不對地說：「不去！近來將軍大人老是這麼任性，這時候要讓將軍大人受點教訓，才是為了他好。」

多虧了這位忠心可昭日月的忠臣，家光公的「別阻止我，不准阻止我」也說得越來越發抖，越來越心虛，等到差不多的時候，伊豆守才驅馬上前說：「征夷大將軍乃高貴之軀，怎可恣意犯險」，給了家光公台階下。雖然家光公表面上震怒地說：「不是說別阻止我了嗎！」但其實暗自鬆了一口氣，還一邊開著「這男人不是只有現在機靈，在伊豆的時候也很機靈」的玩笑，一邊放下心來。

正因為登上石階如此之難，所以在曲垣平九郎成功之前，還有山本右京、鳥居喜一郎、關口六助這些人被逼上

騎馬走下愛宕山石階的畫。取自、《寛永三馬術》（神田伯山講演／博文館）。

石階，第一個人嘗試的時候，馬在山的七合目之處停下腳步，而在這麼危險的地方用馬鐙踢馬的肚子，以及用馬鞭逼馬往上爬之後，霎時間，連人帶馬一起「咚咚咚」地滾了下來，人馬俱死，第二個人也是一樣的下場，就算是武士，也不曾看過如此慘狀，所以就算是從不聽勸的家光，也不得不接受松平伊豆守的諫言，而伊豆守也趁著將軍心意未變之際，向眾人大喊「將軍回城、將軍回城」，沒想到突然有人大喊：「且慢、且慢」，要自告奮勇登上石階，折回梅花枝，逼得伊豆守大喊：「哪裡來的蠢蛋，居然如此不知死活！」

「將軍回城、將軍回城」、「且慢、且慢」、「將軍回城……」、「且慢……」這兩句話像是互相呼應般地一搭一唱。

此時曲垣騎的是從以前養到現在的愛馬，這匹馬有個「小波」（漣漪）的雅名，而伯鶴的講談裡有段大坪流馬術奧義之歌，其中有一句的結尾唱到：

馬是船，乘馬之人是柱，舵是鐙，馬繩是帆柱，心裡起小波瀾

這匹馬的小名便是取自最後一句。

其實在這個橋段的另一個版本之中，曲垣騎的不是養了很久的愛馬小波，而是不知道從哪裡借來的馬，而且這匹馬已經老得四肢直發抖，身上的馬具還殘破不堪，不過這個例子聽起來太過矯情了。

身為豪傑但生性悠閒的曲垣騎馬登上一半時，一會兒稱讚遠方「千帆過盡的風面」，一會兒轉頭向看得心驚膽跳的觀眾吐舌頭，做鬼臉，等到快要登頂的時候，還表演了隱身於霞霧之中的祕術，真的是花樣百出、高潮不斷。

登上山頂後，曲垣便信手折下將軍地藏前方，初吐新芽的梅花枝，用紙包好梅花枝的根部，插在衣襟之中，隨即輕輕撫摸小波的脖子兩側，誇獎小波「小波啊，你的功名絲毫不遜於載著明智左馬助跨越湖水的那匹大鹿毛啊」，小波也似乎喜不勝收地用力甩了甩馬鬃，仰首嘶吼。不禁令人覺得，「美得像是一幅畫」的這句話就是用來形容此情此景。

正當此時，山下的家光公張開扇子，指向曲垣說：「真是太精彩了」，頓時間，鼓掌叫好、歡聲雷動。其聲之大，彷彿像是要將愛宕山連根拔起；其聲之廣，似乎可傳入所有江戶市民耳中；其聲之遠，幾乎可越過太平洋，傳至舊金山，令美國人為之一驚……反正要吹牛的話，吹破牛皮也無所謂吧！

第三位馬術名人——向井藏人

從上述的小故事可以發現，曲垣平九郎才是《寬永三馬術》的正牌主角，但是若論「知名度」、「受歡迎程度」，無人能出豪氣干雲的度度平左右。

度度平指的是筑後柳河藩藩主立花左近將監（宗茂）的家臣「向井藏人義晴」，也就是《寬永三馬術》的第三位主角。當曲垣平九郎在愛宕山闖出名氣時，左近將監正在遠鄉，所以再怎麼不甘心，也沒有機會告訴別人向井藏人也有能力騎馬登上愛宕山的石階。不過了解主公心意的向井便在趕赴江戶的途中，自行前往愛宕山，並在檢視一下石階後提到：「嗯，若是這石階，在下應該無法輕鬆克服」，因此向左近將監討了三年的假，扮成馬廄的工作人員，偷偷住進曲垣平九郎在讚岐丸龜的住處。

平九郎與度度平這對主僕的互動可說是這段故事最精彩絕倫之處，最讓人為之讚嘆的一幕便是背離主家，成為浪人的平九郎在前往江戶途中，被氾濫的大井川攔在半路，好險有兩匹絕世駿馬，所以主僕二人騎著這兩匹馬踏水渡過大井川，這也證實了平九郎那「馬術要高超，好馬與好騎手必須兼備」的理論，也間接驗證了度度平的實力。

雖然書中沒有介紹這兩匹馬的名字與來歷，但是當這對主僕住進越前宰相松平忠直卿的馬廄時，獨步古今的怪馬、食人馬「鬼黑」便出現在故事裡。

這匹桀傲不馴的馬可說是寬永三馬術這段故事之中的壞蛋，即使是素有暴君之名的忠直卿要騎這匹鬼黑，鬼黑也會奮力掙脫。「一定要馴服這匹馬」，三名接到這個命令的御馬役也是無能的武士，過了三個月，總算在主命難違之下，將鐵環套進馬轡，再穿過兩根青竹，讓鬼黑不再暴走。當照顧馬的馬伕將鬼黑牽到一百二十間（約二百一十八公尺）的馬場時，「許久不見藍天的鬼黑也似乎忍不住心中的暢快而高舉前腳，大聲嘶叫」。

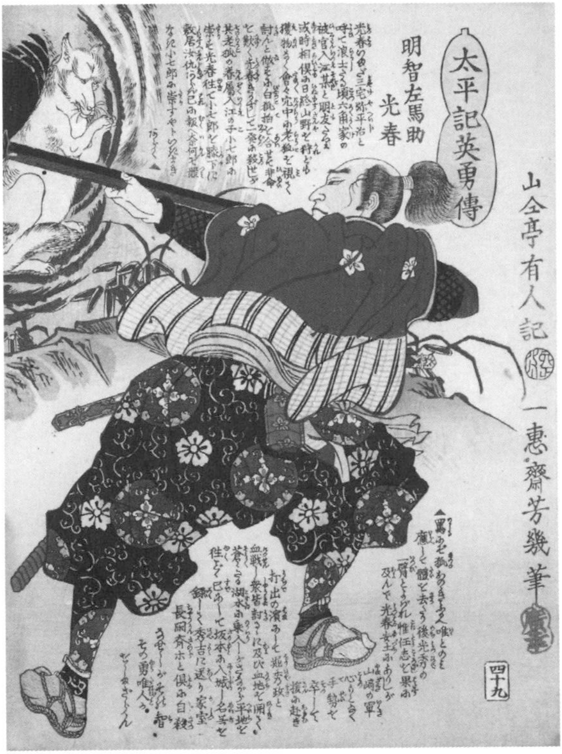

明智左馬助的錦畫。取自く人平記英勇傳四十九　明智左馬助光春>（落合芳幾）

沒過多久，第一位馬伕右馬之丞便歪著脖子想事情。「右馬之丞，你在想什麼？」第二位馬伕勇藏一鞭打在鬼黑身上後，鬼黑便如疾風奔馳，死命抓住鬼黑馬鬃的勇藏也急得『嘶嘶』地大叫。

「哎呀呀，內藏助（家老的名字），這嘶嘶的大叫聲是甚？」，「主上，這應是鬼黑全力奔馳的風切聲。」

沒過多久，鬼黑便用後腳將勇藏踹飛，即使所有馬伕圍上前去，想壓制鬼黑，卻連馬繩也沾不上邊。此時的鬼黑可說是陷入完全的瘋狂。正當此時，向井藏人倏然現身，霎時間拉著這匹悍馬，讓鬼黑如狂風般盡情疾奔，此時鞍上無人，鞍下無馬，上下皆無一物（？）。

制伏烈馬之畫。取自、《寬永三馬術 中篇》（桃川實講演／三芳屋）。

如此這般，別名度度平的向井藏人成功讓平九郎再次飛黃騰達，當上越前家的馬術指導，藏人本身也重返筑後柳河藩立花左近將監的麾下，恢復八百石的身份。由於忠直卿對這兩人甚是讚賞，便令這兩人在野州宇津宮的城堡，與擔任奧平大膳太夫的筑紫市兵衛來場御前馬術對決，整個故事也進入最高潮的地步。此時市兵衛利用新創的「龍飛返駒止」的祕招讓馬跳過高九尺（約二點七公尺）的布幕，並在落地時，讓馬瞬間安靜。聽到這裡，應該沒有人不喘口大氣，心情瞬間放鬆的吧。

巨大猿猴？阿拉伯狒狒？在日本流傳的「狒狒」傳說

身高超過兩公尺的謎樣動物

根據《新補倭年代皇紀》記載，天和三年（一六八三年）六月，有隻珍奇怪獸在越後國桑取山被殺，這隻怪獸的身高四尺八寸（約一點八公尺），嘴巴的大小為一尺六寸（約六十一公分），在當時被命名為「狒狒」。

在沒有獅尾狒、南非大狒狒、阿拉伯狒狒的日本居然可將這隻怪獸稱為「狒狒」，看來應該是猿猴類的動物吧。

在此之後的正德四年（一七一四年）夏天，在伊豆豐田村抓到一隻身高七尺八寸多（約二點三公尺），體型十分高大的狒狒，而且根據記載，這隻狒狒的「鼻子有四寸（約十二公分），手腳的爪子如鐮刀般銳利，而且還有水蹼」，但別說狒狒，連日本猴、長臂猿或是黑猩猩，都沒有這類特徵，所以柳田國男先生也曾懷疑「這怪獸真的是狒狒嗎？」

假設不是狒狒，那在天和三年的越後國所收拾的怪物不能證明日本也有狒狒。

這種怪物似乎到處都有，就連《和訓栞》也記載在進入安永（一七七二年）年間之後，紀州與伊賀都曾出現過這種怪物。木曾、能登、豐前、薩摩也似乎都曾出現這種怪物的蹤影，所以柳田先生認為這種怪物有可能是山笑、山童這類山地民族或另一種怪物。

雖然柳田先生對動物學沒那麼了解，卻將注意力放在日本人早期的「狒狒看到人就會大笑，笑得將嘴唇蓋住眼睛」的傳說，將這隻怪獸視為「山童」→山笑。

傳說中的「狒狒」就是阿拉伯狒狒？

我雖然確定日本沒有狒狒，卻有件事讓我驚訝的說不出話來，那就是「見人就大笑，笑得將嘴唇蓋住眼睛」的狒狒真的存在，而且就是眾所知周的阿拉伯狒狒。

話說回來，日本本來就沒有阿拉伯狒狒，江戶時代也沒有從外國進口幾隻的記錄（有誰會無聊到把這麼凶暴的大狒狒帶來日本啊！）

不過現代只要去一趟動物園，誰都能觀賞到阿拉伯狒狒，而且這種狒狒真的會在看到人的時候，把嘴巴張得開開的，嘴唇也真的會往上翻，包住那看起來很可怕的尖牙，若從下方往上看（阿拉伯狒狒習慣在張開嘴巴的時候抬頭），還真的很像是「笑得將嘴唇蓋住眼睛」的模樣。這種習慣只有阿拉伯狒狒才有，其他狒狒不會做出這種表情。

阿拉伯狒狒算是可以馴服的動物，若從小飼養，不會攻擊走進籠子的人類，但個性較長臂猿或是黑猩猩敏感，一旦有人接近或是有人不時盯著牠們，就會「嘎～」地露出尖牙，做出威嚇的動作。如果假裝不理會牠們，牠們絕不會露出威嚇的表情。如果在牠們做出威脅的動作時反擊，會有什麼結果？據我所知，沒有人敢這麼做。

「驅離狒狒」在大正時代曾經是一大新聞

我實在不明白不可能在日本山林棲息的狒狒（Baboon），為什麼會與實際存在的阿拉伯狒狒有那麼多相似的特徵。在日本傳說裡的狒狒一點都不像猿猴，身形非常碩大，脾氣也非常狂暴，但沒有人知道牠們的真面目。話說回來，若是一反常態，將傳說中的狒狒解釋成長得很碩大的老猿猴，或許就能說得通了。

只是不管是我還是別人，應該都無法滿足這種差強人意的解釋。猿猴當然也有很年長的，但從來沒有活了幾十年就長到兩公尺的記錄，也沒有越老越凶暴的傾向，更何況內閣文庫的見聞錄還留有天明二年（一七八二年），好幾名在會津磐梯山腳，塔之澤溫泉地逗留的少年被傳說中的狒狒擄走的記錄，而且根據柳田先生的說法，即使到了大正年間，驅離狒狒的新聞每年大概會有一次登上各縣市的地區報紙，這真的是太令人難以置信了。

就連那知名的岩見重太郎或笹野權三郎的「驅離狒狒」故事也說是這種大狒狒，這讓人更是嚇得不知該說什麼才好。

不可能會有年長的日本猴會抓人當活祭，或是從溫泉地區扛走男孩子，如果真這麼想將「被形容成狒狒的日本猴」視為怪獸，那就反過來為大家舉出幾個「日本的狒狒」其實有點人性的例子。

《有斐齋劄記》曾記載寶曆年間，有人在越後的深山射殺了一隻上述的狒狒，而後面有段補述的證詞，其中提到，這隻狒狒是有別於猿猴的物種，證詞的內容如下：「這傢伙不時盤縮於山中巨岩上方，若旅人恭敬地向牠敬禮，拜託牠予以通行，牠就會放行，絕不會加害於人。」

於日本各地流傳的「雷獸」傳說

「雷獸」到底是什麼動物？

民俗學者藤澤衛彥所著的《日本民俗學全集》之中，有一段是有關民間信仰與妖怪的章節，而根據這個章節的「日本怪奇妖怪年表」來看，直到元祿時代之前，雷獸不曾出現過，不過早在江戶時代之前，這種怪獸就已經於各種故事之中登場了。

根據目擊資料顯示，元祿十一年（一六九八年），雷獸於越後國墜落。由於一開始就將這隻怪獸稱為「雷獸」，所以形容從這隻怪獸是從天上摔到山中，但根據江戶後期的隨筆《玄同放言》所述，這隻怪獸身高六尺（約一點八公尺），有兩隻前腳與四隻後腳，長得像一頭野豬，有著長長的尖牙，爪子如水晶透亮，有水蹼，顏色為暗褐色，看起來與怪獸無異。

由於身高六尺，所以在當時只被當成「怪獸」，但在七十七年後的安永四年（一七七五年），松城某位武士的家突然遭受落雷襲擊，而且還抓到一隻怪獸，從此之後，才將這種怪獸稱為「雷獸」。《越後名寄》也詳盡地敘述了這隻雷獸，其中提到這種雷獸的皮毛是灰色的，腹部的皮毛呈逆紋，毛尖還分叉，但有趣的是，居然沒提到這隻雷獸的身形到底有多大。

而且這七十七年之內，總共有兩次雷獸出沒的記錄，一次是明和二年（一七六五）《和訓栞》的記錄，其中提到某日雷獸於相模國的雨降山墜落，然而雖然明文記載了「雷獸」二字，卻將這隻雷獸形容成「其身形似鼬，其色如灰」。

另一筆紀錄是明和七年（一七七〇），江戶鮫橋的和泉屋養了一頭雷獸，算是非常寫實的紀錄，不過這筆紀錄非常接近現代，很有機會留下幾張照片佐證，卻還是只留下「長得很像貉」的紀錄。與貉有關的故事也有很多，不過有些人認為是狸貓，有些人則認為是獾，就算把這兩種動物的照片排在一起，恐怕也很難一眼就認出到底誰是誰。此外，若到了令和這個年代還把貉與狸貓看成兩種動物的話，恐怕會被內行人看笑話，因為貉就是狸貓，只是稱呼不一樣而已。

《玄同放言》作者的曲亭馬琴的肖像畫。

從上述的紀錄可以發現，早期記錄的雷獸是身高接近兩公尺，有六隻腳的怪獸，但在後續的記錄之中卻越縮越小，變得只剩狸貓或鼬鼠這麼大。我之所以比較想認同鼬鼠的說法，是因為我在念小學的時候，教科書或參考書已將鼬鼠稱為日本貂（又名雷獸），我們那個年代的學生都學過日本貂與白鼬屬於鼬科動物，日本貂又比鼬鼠敏捷，也會住在樹上，所以偶爾會因為打雷而從樹上掉下來。

雷獸是日本貂的另一個名字？

由於現行的動物事典也有「雷獸是日本貂的別名」，所以即使是現代，也無法否定雷獸就是日本貂的說法，而且有些知名的動物學者也認為日本貂的確會有類似的習性。

有人認為六尺六腳的怪獸極為稀有（？），也有人認為事實上真的有像鼬鼠一般敏捷，但很害怕打雷閃電的小型野獸，所以柳田國男曾於大正三年（一九一四年）在《鄉土研究》發表了一篇以「山神狆犬」為題的文章。

其中之一的例子是：

東海道大井川的川上是山人（類似樵夫）的都城，根據《駿河志料卷三十》的說法，「住在駿河安倍郡井川村的村民將狆犬這種怪獸命名為猧」。

第二個例子是《木曾名所圖會卷三》的記載，其中提到「木曾深山有種名為猧子的山神，其形似貓，但體型略大」。

第三個例子是《信濃奇勝錄卷三》的記載，其中提到「在八嶽山腳的木新田上方，有小型野獸住在老樹洞裡（中略），極為亮麗的毛皮分成淡白、淡黃或黑白相間這幾種，外形與木曾流傳的山神白鼬一致，也與安曇郡傳說的貂鼠雷同」。

在柳田先生舉出的各種例子之中，雷獸較接近實際存在的日本貂與白鼬，與傳說中的六尺六腳怪物相去甚遠，至於猧（enokoro）的說法應可解釋成源自「inukoro」這種方言。白鼬是實際存在的鼬科動物，別名為「山鼬」。令人意外的是，在被柳田先生形容成祕境的大井川川上一帶，「山鼬」居然是某種猛獸的名字。

大井谷西岸，遠州上川根村千頭鄉有個名為細尾的里，這個里的住戶只有兩家，而根據《遠江國風土記傳十三》記載，這裡有天色一暗，就出來吃人的野獸，據說細尾的住戶就是被這種名為山鼬的猛獸吃得沒剩幾戶。

於山中鹿之介英雄事蹟登場的雷獸

前述的六尺六腳怪物大概就是從這種山魈想像而來，在眾多日本英雄豪傑的故事之中，只有一個故事出現過「雷獸」，那就是山中鹿之介的故事。

尼子家被毛利家滅門後，原為尼子家家臣的鹿之介為了振興尼子家，決心成為「六十六部」[2]的朝聖者與流浪武士。某日，在京都郊外搭了臨時住所，準備在此砥礪身心。據說他曾在這段期間擊退山賊，也曾於將軍足利義輝旗下為僕。

雷獸的畫。取自＜信濃奇勝錄　卷之3＞（井出道貞與其他作者／井出通）

當義輝與諸將舉行宴會時，一陣雷雨突然來襲。由於義輝與賓客都在屋內，所以只把這場雷雨當成喝酒助興的一景，眾人也繼續開心的喝酒，沒想到突然有一股伴隨著霹靂巨響的閃電落在庭院裡。定睛一看，從天上疾速落地的是身高一丈（約三公尺）、眼睛有八顆，腳有六隻，爪如鎌刀利刃，長毛覆蓋全身的大妖獸。不管是

[2] 抄寫六十六次法華經，再將這六十六部法華經獻給六十六處靈場。

將軍還是麾下的武士，每個人都嚇得只會「啊～」地發抖，連拔刀的力氣都沒有。正當妖獸呲牙裂嘴地發出低鳴，準備衝上大殿時，自稱早介的鹿之介從一旁往妖獸身上奮力一跳，用雙腳纏住妖獸身體，並以雙手勒住妖獸的脖子，以其無與倫比的怪力一點一滴奪去大妖獸的氣息，據說鹿之介就是因為這次降伏雷獸的功勞，才換到振興主家的機會。

山中鹿之介的畫像。取自〈山中幸盛像「月百姿」〉（月岡芳年繪）。

照片：位於廣島縣福山市的山中鹿之介首塚。

日本人與月牙熊的共生關係

照片：胸口有上弦月紋路的月牙熊。

月牙熊只在災害來臨時作怪！

月牙熊與棕熊雖是日本的兩大猛獸，但相較於不時為害的蝦夷棕熊，日本本州的月牙熊就低調許多，就算爬梳稻垣史生所編的《江戶編年事典》，也只發現兩件月牙熊作怪的記錄。

其中一件是天明三年（一七八三年）七月，淺間山火山爆發之際，有體積大到一人或兩人圍抱的石頭落在輕井澤、沓掛、追分、板鼻一帶，造成了前所未有的大災害，根據《武江年表》的記載，當時的小田井、大笹邊一帶有山豬四處狂奔，也有攻擊人類、馬匹裹腹的熊出沒。

另一筆紀錄則是江戶的山手一帶，少見地有凶暴的熊出沒。

弘化二年（一八四五年）正月二十四日，狂風驟吹，被譽為江戶名產的火災再次延燒，麻布到鳥居坂一帶以及六本木到龍土町、伊皿子、田町這個區塊皆因此陷入火海。根據《武江年表》的記載，在這場前所未有的荒亂之中「沒有人能從家裡逃出，因為有一隻凶暴的大熊在人群之中狂奔，最後逃入某位諸侯的藩邸之中」，而身為家臣的父子二人聯手與大熊作戰，最後將大熊制伏。本州這類「制伏大熊」的例子不多，我也只找到這兩個。啊，話說回來，我曾在《半七捕物帳》讀到常被拍成電視劇的某位人物。

在這場弘化二年的大火之際，這隻不知該往何處逃竄的大熊以其厚實的手掌擊殺了很多位同樣不知該往何處避難的民眾（這部分是《半七捕物帳》作者岡本綺堂的敘述），有位女兒與女僕被大熊擊倒的年輕鎮民，用力地拖住大熊的手腳不放，而三河町的半七與義警松吉也親眼目睹了這件事，兩名武士拔刀擋在大熊面前則是在這件事之後……岡本綺堂巧妙地將這件事安插在《半七捕物帳　大熊的屍體》之中。

日本人不濫捕熊的理由

由此可知，江戶時代的民眾完全不了解熊，只知道熊的毛皮與「熊膽」很值錢。將毛皮當成地毯或是太刀刀鞘的護套則是戰國亂世才有的事，到了江戶中期之後，旗本的武士與諸侯已不會使用野蠻的地毯與太刀，而且大概只有山賊才會把熊皮穿在身上。如果山賊、戰國武將或病人需要熊身上的東西，應該就會有以獵熊為生計的獵人才對，但幾乎沒聽過有人以此維生。會找熊麻煩的，恐怕只有利用熊練習相撲或馬術的足柄山金太郎吧。

加藤清正麾下的二十四將之中，有位名為荒川熊藏的武將，雖不知道他是否真實存在，但是據說他是一位不按常理出牌的豪傑。這位熊藏在效忠清正之前的少年時代，就被人形容成與金太郎一樣勇猛，能扛著大斧對付熊。

進入江戶時代之後，龍卷權五郎或宮部熊太郎這類被譽為「天下豪傑」的武士雖然越來越多，卻再也沒聽過扛著火槍或長槍進山獵熊的英雄傳說。即使是為了自抬身價而自稱豪傑的武士，面對熊這樣的對手還是難免面露難色。之所以會如此，一來是因為月牙熊給人一種溫和的印象，二來則是月牙熊常被視為聖獸。

熊野神社一帶流傳著「獵熊會變窮」的說法，也流傳著濫捕熊，熊就會讓山上的天氣變糟的民間信仰，或許也是因為這類民間信仰，日本人才傾向與月牙熊保持宥和（互相退讓，和平相處之意）的關係吧。

騎熊的金太郎之繪〈金太郎山狩〉（重宣／佐野喜）

照片：茨城縣水戶站前的水戶黃門像。

救水戶黃門脫離危機的是「熊掌」

據說熊在夏天的時候，會把山蟻用手掌揉碎，存在手掌裡，等到冬眠時，再舐食這些山蟻止餓。少女在大雪之中為大熊所救，舐食熊掌裏腹的故事由來。會像這樣沒來由幫助人類的動物只有熊，《水戶黃門漫遊記》則可說是這類故事的最終形態。正當在越後山地遭遇大雪，墜入山谷的光圀公[3]不知該如何是好時，突然有隻月牙熊現身。

「咦？居然有熊出現，應該是熊吧……」結果這隻熊走近光圀公身邊，乖巧地蹲下來，讓光圀公坐在牠的背上，再慢慢地把他帶回其冬眠的洞窟，然後用身體圍住光圀公，讓他取暖。等到光圀公變得比較有精神之後，這隻月牙熊伸出手掌，作勢要他舐一舐。據說光圀公舐了之後，覺得很美味，也不再覺得飢餓。於是他突然恍然大悟地說：「原來這就是熊會在夏季將糧食存在掌中的傳說，我終於了解朱舜水老師傳授的中華料理『熊掌』為什麼被稱為天下絕品美味了。」

光圀公在熊棲息的洞穴恢復體力後，突然有把長槍從上方刺下來，閃過長槍的光圀公便往上大喊：「這樣很危險啊，我在下面」，結果獵熊師便驚訝地說：「什麼，難不成你是仙人嗎？」「不是，這裡沒有千人，只有我一個人」，這就是這個故事最後的梗。

名聞天下的劍豪宮本武藏也曾被熊救過一命

知名度不下於水戶光圀的宮本武藏也曾被熊救過一命。戰勝山賊，卻被毒酒放倒的武藏被人丟到山谷，奄奄一息之際，突有一隻母熊出現，用舌頭不斷舐武藏的身體，被舐得回過神來的武藏對於母熊不斷舐他的這件事雖然吃驚，卻覺得很舒服，所以就放任這隻母熊繼續舐他。等到恢復體力的武藏坐起身來，母熊便說：「武士大人，請往這邊走」，武藏說了句「也罷」便站起來，跟著熊的後面走，沒一會兒便走到平坦的馬路上，母熊也不斷地點頭。「感謝照顧，來日必定回禮」，「不用多禮，再見了」，語畢，母熊便搖搖晃晃地緩步離去。

宮本武藏的肖像畫。取自《肖像　1之卷》（野村文紹著）。

3 光圀公指德川光圀，祖父為德川家康，由於曾任黃門官，人稱水戶黃門。

狼是害人的猛獸還是保護田稼的益獸？

在農村被奉為神明的「大神」

狼在日本的確是被提到不用再提到的害獸與猛獸，但其實牠們「一感受到火繩槍的味道就會躲得遠遠的」，只有當尾隨在後的人類感到害怕或摔倒，才會攻擊人類。這在日本稱為「送狼」（送り狼，送女生回家，趁機性騷擾的意思）。此外，《和漢三才圖會》也有狼會吃屍體的記載，但沒有任何紀錄提到特別凶暴，習慣吃人的「食人狼」。

其實山豬或是野鹿在農村是害獸，各地都會向狼神祈求，請求狼神派遣野狼驅趕山豬或野鹿。從農夫看到狼，就高聲讚美「感謝大神幫忙趕走鹿」的習俗來看，狼在農村反倒是益獸。

不過在善於養馬，以出產駿馬聞名的南部藩反而會定期獵狼，因為馬不時會被野狼攻擊，這類紀錄也有不少。

獵狼本是武士的工作，不過農民也會幫忙，幾位獵狼高手如「獵狼清十郎」也名留青史。

豪傑！後藤又兵衛的驅狼故事

話說回來，有些人應該會覺得上述的歷史故事太無聊，所以後來又出現了很多武者修行者的故事，只是某些腦袋轉不過來的人還是會說什麼只有明智光秀與山中鹿之介進行過武者修行。

後藤又兵衛就是一位符合大家期待，在列國旅行之中驅逐野狼的豪傑。當後藤又兵衛在山中迷路，決心今晚在野外過夜，有個人偷偷地靠近又兵衛尋求協助。這個人就是從女幽靈身上得到力量，人稱幽靈半之丞的豪傑，只是從外表來看，可說是衣衫襤褸。話說回來，比起身上帶著大刀、小刀，穿得破爛一點還比較像是豪傑吧。

「幹嘛？要借錢嗎？乞丐就要有乞丐的樣子，頭要更低一點」「打從出娘胎以來，再沒有比現在頭更低的時候了」「在下從出生以來，也很討厭施捨錢」「既然如此，那我只好用蠻力跟你借了」「那我拼死也不要借你」

就在言詞的一陣交鋒之下，有兩、三頭像狗一樣的野獸循著味道接近他們，接著仰天長嚎，另一邊的山頭也像是回應般，傳來「喔～喔～」的長嚎聲。這就是野狼「呼朋引伴」的叫聲。

一會兒，就有數十頭野狼聚過來，準備把這兩人吞入腹中。「糟了，是野狼，喂，破破爛爛的傢伙，要吵待會再吵，先趕走這些傢伙再說！」「喔喔，說得沒錯」，語畢，半之丞立刻與又兵衛背挨著背，俐落地拔出野太刀，又兵衛也抽出長三尺（約九十公分）的大刀左揮右砍，將野狼斬倒在地，半之丞則是跳入狼群裡又刺又斬。

此時講釋師會以手中的扇子「磅磅」地敲兩聲，故弄玄虛一番，接著就是這兩位豪傑在山中展開混戰的場面。

在這被狼群圍攻，命懸一線的場面下，這兩人最終還是沒能把野狼全部殺死。「這裡不是前往地獄的第一站與第二站」，野狼與山賊總是會這樣找藉口，扮演覺得打不贏，就挾著尾巴逃走的角色。

剛剛雖然介紹了狼群「呼朋引伴」，圍攻獵物的生態（？）但其實沒人看過會用這種「戰術」攻擊人類的狼。

宮本武藏與關口彌太郎驅逐野狼的故事

除了上述的故事之外，還有一個以宮本武藏以及關口彌太郎為主角的故事，主角之一的彌太郎還介紹了野狼不為人知的「習性」。

這位關口彌太郎是柔術高手，在二次世界大戰之前是與宮本武藏齊名的英雄，但後來或許是受到吉川英治所著的《宮本武藏》影響，變得知名度遠遠不如宮本武藏。在這個傳記之中，最為有趣的部分就是為了修行而周遊列國的彌太郎因為身無分文，只好改名為「箱根名物、一人駕籠（類似轎子的交通工具）的又六」，邊旅行，邊賺取路費。身懷怪力的彌太郎將駕籠的棒子放長後，一個人扛起駕籠。如果其他的雲助（駕籠的轎夫）有異議，就會被彌太郎揍一頓，當時坐在這頂駕籠上面的是不認識彌太郎的宮本武藏。夜晚，彌太郎便在樹根分叉之處，蓋上薄得像煎餅般的棉被呼呼大睡，宮本武藏則把駕籠綁在樹上再睡覺，看來即使是習慣旅行的武藏，也沒辦法在這種情況下熟睡。

此時彌太郎便對武藏說：「野狼很喜歡人，像你這樣在樹上睡的話，會引來一大群。不理牠們的話，牠們什麼都不會做，但如果對牠們出手的話，就會引來狼群，你最好小心一點。」仔細地介紹了狼的習性。

這種習性雖然不曾在「送狼」、「鍛治屋的姥姥」這類有關狼的民間故事介紹過，但就算是膽子很大的武藏，看到駕籠底下圍著幾十隻不斷以鼻孔「哼哼」地噴氣的野狼也沒辦法冷靜。等到有匹野狼往上跳，咬住武藏後，眼見躲不過這劫的武藏便以脇差（日本刀的一種）斬落身上的野狼，接著往樹底一跳，抽出大刀，以舉世聞名的二刀流「啪嚓啪嚓」地，將一隻隻野狼砍倒在地。聞聲醒來的彌太郎一邊說著：「果然還是引來狼群了，我不是早跟你說了嗎？」一邊縱身躍入狼群，一手抓起一隻野狼，把一隻隻野狼丟到谷底。

空手抓狼，通常會被狼咬到，但彌太郎卻毫髮無傷，可見彌太郎的柔術比武藏的二刀流還厲害。可惜的是，這兩人趕跑野狼的劍術與柔術雖然如此精湛，但在這箱根的深山裡，沒有半個人能夠見證如此精彩的場面。

有紀錄卻沒證據的出嫁

照片：狐狸出嫁的模樣。

「狐狸出嫁」與天氣的關係

明明日正當中，卻突然「嘩啦」地下起大雨，下沒一會兒又立刻停的天氣在日文稱為「狐狸出嫁」（太陽雨）。目前沒見過任何故事說明為什麼要將這種天氣形容成「狐狸出嫁」，也不知道狐狸的婚禮到底與天氣有什麼關係。

其實「狐狸出嫁」的這種說法在江戶時代還不算太普及，雖然某個鄉下地方不時有目擊紀錄，每個人也都聽過這類傳言，但還是不禁讓人心存疑惑。

除了狐狸出嫁這類怪譚之外，就歷史的時間軸來看，這時期也出現了「夜鵺啼叫」、「河童出沒」、「飛龍昇天」這類奇譚，看來在惡鬼常出沒的時期，天狗是放假去了。

留下具體紀錄的「狐狸出嫁」

狐狸出嫁比想像中來得更加時髦，寬保五年（一七四五年）五月十四日，江戶本所的碼頭，有一群人要嫁女兒，需要坐船渡到對岸。這群人除了原本的船資之外，還豪邁地多給了一兩，但一過河之後，這群乘客便「咚」得一聲，消失的無影無蹤，船家收到的小判（形狀類似牛舌餅的錢幣）突然變成一片樹葉。用樹葉當成小判騙人是狐狸常有的伎倆，但因為是用嫁女兒當成渡河的藉口，所以才傳成「狐狸出嫁」（《今昔妖談集》）。

上述的故事沒提到新娘的綿帽子，也沒提到新郎的禮服，不過，這應該是歷史首樁「狐狸出嫁」的記錄。真正廣為人知的「狐狸出嫁」是《怪談老之杖》的版本，上州神田村的菸草商與同業去其他村莊做生意，準備打道回府的時候，突然有三百盞燈籠迎面而來，這裡明明不是一般的街道，更不可能有諸侯的隊伍會經過，所以這些商人便商量讓道，結果登高一看，發現對方的隊伍從路邊經過，其中有徒步的人、駕脇（在轎子兩旁聽候差遣的人）、仲間（隨行的人），一行人看起來就像是諸侯的隊伍，但奇怪的是，燈籠上面沒有家紋，而且還發著紅光。這行人穿過水田後，便一個個靜靜地消失在遠方的林子裡，所以菸草商人便面面相覷地問：「這就是傳說中狐狸出嫁吧？」據說這一帶常有人看到狐狸出嫁。

雖然這故事的內容很有條理，卻少了最重要的證詞，也就是沒人能證明走在轎子前後的人長得像狐狸。

充滿故事性的狐狸傳聞

若問脈絡清楚的故事還有哪些的話，《想山著聞奇集》那段下男（奴僕）從馬子（牽馬的人）那聽到的故事也相當有趣。這個故事特別在不知是狐狸出嫁還是諸侯出巡的隊伍這部分著墨不少。狐狸出嫁的部分就像是繪本所述，臉是狐狸的臉，其他用於站立或步行的部分則不一定是人類。臉的確是狐狸的臉，「但聲音有點沙啞」這部分為這個故事增添了些許真實性。至於諸侯的隊伍則與真正的諸侯一樣，隊伍裡有先箱持（拿行李的人）與拿著長槍、長柄傘以及合羽籠（裝雨具的籠子）的人。

不過，隊伍經過的地方不能去。儘管鄉下只有一條大路，卻沒人碰上狐狸出嫁與諸侯的隊伍，事前也沒有諸侯隊伍要經過的佈告。「我原以為真的有諸侯的隊伍要經過，所以把馬拉到一旁讓路，現在想起來真後悔，可惡，下次再遇到，我一定不會再上當！」故事裡的馬子如此忿忿不平地說道。

最後這個故事還提到，美濃志津村這個地方常有機會遇到這兩種隊伍，所以很少人會大驚小怪。

另一個於《江戶塵拾》記載的「狐狸出嫁」則有著類似捕物帳（以犯罪事件為題材的時代推理小說）的開頭。寶曆三年（一七〇六年）八月底，離本多家不遠的家家戶戶聽說家中（諸侯的家臣）今晚要娶親。由於是在晚上十二點左右，所以算是很晚才過門，但燈籠的數目只有十盞，有鉚釘的女用轎子（身份較高的女性才能坐）的前後有幾十個人守著，整個隊伍靜靜地走進本多家的大門。這個傳聞早早就流傳開來，所以眾人也不禁懷疑，與德川有著親屬關係的名門後裔本多家，到底是迎娶何門何戶的新娘。

說也奇怪，之後本多家居然說沒娶親這回事，當天晚上也沒有半個人來，於是附近的人紛紛覺得這實在是不可思議又難以理解的怪事。

明明有十盞燈籠，幾十人隨著悄無聲響地經過，卻沒有人看到這些人的臉，《江戶塵拾》也沒有記載「這些人長得像狐狸」的證詞。

沒有證詞這點對於想拿「狐狸出嫁」大做文章的捕物作家而言，是最為遺憾的部分，會在作品之中加一句「隊伍裡的隨從的確長得像狐狸」的敘述也是難免。在所有與狐狸有關的故事之中，這個狐狸出嫁的故事算是最為完整的了。

與《忠臣藏》有關的狐狸傳說

為了赤穗浪士攻入吉良邸而開心的狐狸

根據《雲窗夜話抄》這本書的說法，京都的柴野南方曾有座小的稻荷神社。元祿十五年（一七〇二年）十二月十四日夜半時分，這座小神社的前面突然傳出幾百個人在此唱歌跳舞的聲音，大感疑惑的鄰近居民前往神社一探，發現在那裡唱歌跳舞的全是狐狸。

幾十隻、幾百隻圍著稻荷神社的狐狸用後腳站著，高舉前腳，歡欣鼓舞地跳著舞。眾人雖然感到驚訝，但看到狐狸如此開心地慶祝，便覺得這應該是喜事。

等到過了兩三天，赤穗浪士報仇成功的事蹟傳回京洛（京都），眾人才恍然大悟，原來這座稻荷神社是由淺野內匠頭捐贈的，狐狸是為了淺野內匠頭沉冤得雪而唱歌跳舞。4

4 淺野內匠頭指赤穗藩主淺野長矩，內匠頭為官名。因在江戶城中刺傷了屬於室町幕府足利將軍家一門的吉良上野介，將軍德川綱吉命其切腹，並將赤穗廢藩。基於當時法令，「鬥毆之輩，無論是非，皆為死罪」，但吉良始終未受到處罰，故廢藩後變成浪人的前淺野家家臣決定為主君報仇，在隔年的十二月殺死了吉良上野介。

赤穗浪士報仇畫。取自＜大日本歷史錦繪＞

被狐狸迷惑(?)的赤穗浪士

從赤穗浪士的報仇故事衍生了各式各樣迭事、奇譚，有許多也流傳到現代，但提到狐狸的故事並不多，我頂多只能想到一個。

在赤穗浪士還沒報仇的時候，有位很喜歡釣魚的武士棲身於鄉野，每天都在河中設置魚籠捕魚，扛著釣竿去釣魚。

雖然這位武士喜歡釣魚，但平常沒有釣到半夜的習慣，某一天卻釣到快天亮才回家。回到家之後，對著擔心他出事，四處找他的奶媽開心地說：「今天釣了一整籠子的魚。」「你不知道我很擔心你嗎？」奶媽邊說邊打開魚籠之後，發現裡面哪裡有魚，全是一堆竹葉。「武士大人被狐狸騙了啊，差不多是時候戒掉釣魚這個嗜好了吧」，但這位浪人卻一臉不以為意地說：「又沒關係，在下只是把釣魚當成興趣，也沒把釣魚當成收入，就算被狐狸愚弄，我還是樂此不

在大雪之中攻入吉良大宅的赤穗浪士。取自《江戶繪日本史》（佐藤求太）。

疲。」

或許是太鐵齒，這位浪人隔天出門後，就再也沒回到家。奶媽不禁感嘆：「他最終還是被大河沖走了吧。」就這樣，時間來到了十二月十四日，本所松坂町的吉良上野介大宅被赤穗浪士攻入的消息也傳遍江戶的每個角落。奶媽當然了解自家武士的個性。她聽到自家武士的名字出現在四十七名勇士之中後，才終於了解這位武士的心思。

以上是《蕉齋筆記》的隨筆，可惜的是，這位將報仇的決心寄託在釣魚與狐狸身上，韜光養晦的武士沒有留名青史，會是喬裝成夜鷹蕎麥麵店的店員，進入吉良邸刺探敵情的杉野十平次嗎？還是擅長箭術的倉橋傳介？或是德利訣別[5]的赤埴源藏嗎？難不成是吟唱「一年終有盡頭，河水長流，人也會改變——一如到了明天，那艘寶船依舊會來——宗匠，衣袖長度合適的羽織是否還合身呢，嘿喲嘿喲嘿喲」的大高源吾嗎？只可惜尋遍赤穗浪士的傳記，也無法得知這位武士是誰……。

5 赤埴源藏欲向其兄鹽山與左衛門訣別，結果兄長不在家，只好向兄長的外衣舉杯告別。

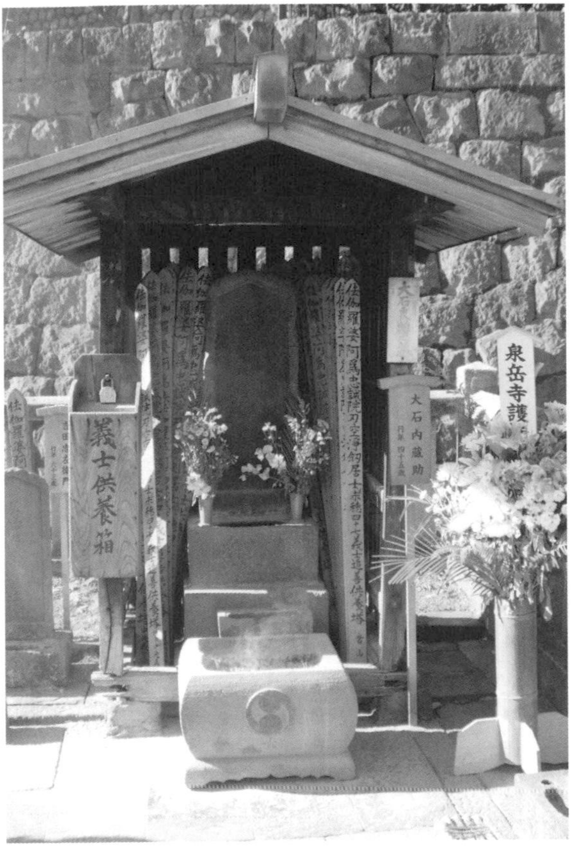

照片：東京都泉岳寺的赤穗浪士大石內藏助之墓。

人類與狸貓之間那千絲萬縷的糾葛

從江戶時代開始的狸貓怪談

在日本歷史之中，有許多與狸貓有關的故事，其中包含牠那不為人知的生態，以及摻雜著部分事實，化身為人的故事，或是不慎露出尾巴的故事。不過，狸貓的故事比狐狸的故事還晚出現，大概是在寬政中期，也就是一七九五年左右才出現。學者藤澤衛彥的《日本怪異妖怪年表》記錄了四個故事。

第一個是極為荒淫的故事，某位服侍神田藩主的下女（女僕）下落不明。之後在寬政七年十一月才知道，之前曾在因緣際會下與三隻狸貓同居的事實。

第二與第三個則是狸貓化身為人，去花街柳巷遊玩的故事。其中一個故事的地點是位於長崎的花街柳巷，另一個故事的地點則位於江戶的新吉原，兩個故事裡的狸貓都在玩得太忘我，不小心現出原形之後逃離現場。

另一個很怪異的故事是，德川幕府即將結束的文政十一年（一八二八年）十一月三日，長年於某戶人家工作的老婆婆突然昏倒，醒來後，一臉呆滯，一語不發，卻還是能吃飯，而且明明是文盲，居然能吟詩作對。某天，這位老婆婆，也就是狸貓婆婆突然從被窩往外飛得無影無蹤。這段故事記載於《視聽草》。

因童話、童謠一躍成為孩子之間的人氣王

若問狸貓有什麼眾所皆知的舉動，那大概就是拍打肚子，發出聲響的「腹鼓」吧。我年輕的時候曾在橫濱野毛山動物園工作七年，在每天觀察之下，我曾親眼目睹狸貓往後靠坐的時候，坐在尾巴上面，上半身挺直，再以單腳漫不經心地替肚子上方抓癢或是輕輕拍打這個部位的動作。當然，光是這樣是拍不出聲音的，但我突然想起，原來這就是傳說中的「腹鼓」。

知名童謠《證城寺的狸囃子》有一段故事提到某天一群狸貓召開腹鼓大會，其中卻混進了一名不知道是不是受狸貓邀請的單眼小僧。

在喀嚓喀嚓山出現的狸貓。取自《童話故事　喀嚓喀嚓山》（堤吉兵衛著）。

在《文福茶釜》登場的則是很講義氣的狸貓。不小心踩到陷阱的狸貓為撿破爛的人所救之後，為了報恩而變身為茶釜。假設證城寺的那個茶釜真是故事裡的茶釜，那這隻狸貓真的是太善良了，居然甘願化身為茶釜長達幾百年之久。

很少人知道狐狸很會爬樹，但其實狸貓也很會爬樹，不是只會在洞中或地面鬼鬼祟祟，而且狸貓還有在樹上尿尿的怪癖，所以在日文又稱這種現象

於文福茶釜登場的狸貓。取自《童話故事 文福茶釜》（村井靜馬著／小森宗次郎）。

為「狸貓的瀑布小便」（タヌキの瀧小便）。

此外，裝死也是狸貓的成名絕技之一。有些狗也會裝死，但其實只是失神。若以為狸貓昏死而轉身要拿東西來抓，狸貓就會立刻醒過來趁隙逃跑，這看起來也很像是使了某種法術「咚」的一聲消失一樣。一般認為，各種與狸貓有關的怪譚就是從上述的這種現象衍生而來。

愛惡作劇的狸貓有點呆萌又很幽默，而且還長得一臉惹人憐愛的模樣，所以在日本很受歡迎，渾身上下沒有半點狐狸般的妖氣與令人毛骨悚然的氣息。

日本有怪貓用茶釜的蓋子擋住子彈，還邊擋邊數「擋了一顆、兩顆」的怪談，卻也有報告指出，長得一臉悠哉的狸貓，能抓住身手敏捷的猴子飽餐一頓。「不會吧，你是說那長得像濫好人的動物這麼厲害？」會有如此疑問的人，恐怕是上了狸貓的當。

名留「狸貓文學史」的一流狸貓是？

另一方面，柴田宵曲證實有許多《狸之書》這種超高級的書留存。學識豐富的狸貓精偶爾會化身為雲遊四海的高僧，在遊歷各國的時候留下「鶴龜」或「松竹」這類墨寶，也有留下名畫的狸貓和尚。其中雖然也有應對充滿禪意的狸貓，但在下面這個大入道（身形巨大、長得像和尚的妖怪）的故事裡，算是找錯對手了。以急智聞名天下的一休和尚與古寺的大入道論道時，以「『法』這個字在經文裡出現幾次」這個問題問倒對方，之後又以鐵如意驅離了對方。

提著寫有「奧州仙台破牢浪人」門牌，周遊天下的梁川庄八曾將大狸貓化身的七曲地藏連同石地藏一刀劈成兩半，甲賀流忍術開山始祖猿飛佐助的恩師戶澤白雲齋曾空手擊敗化身為吉寺如來佛像，偷吃信徒供品的老狸貓。姑且不論些英雄是否真實存在，但被這些英雄擊退的狸貓肯定稱不上一流。

那麼，一流的狸貓又如何？在《怪談老之杖》有段故事提到，豐後有一位名為某賴母的武士領受了在城下空了幾十年沒人住的鬼屋，經過一番修繕之後就一個人住了進去。晚餐時分，大門突然敞開，一名高逾八尺（約二點四公尺）的妖怪大坊主走了進來，一屁股坐在圍爐前面。若是常人，見狀肯定嚇得魂飛魄散或是持刀應對，但賴母卻紋風不動，眉毛動也不動一下。

「來者何人，是住在當地的人嗎？這間房子是從主公手中領受，是在下的家，如果沒有異議的話，可以常來聊天。」神情自若地說完後，這八尺入道彷彿是在氣勢上輸了一截，便恭敬地行了個禮說：「今後請容我前來叨擾。」自此之後，大坊主就常來找賴母聊天，兩人也形同知己。

過了好幾年之後，大坊主突然跑來告訴賴母，自己命不久矣，還向賴母拜託：「我死後，求你看顧我的子孫……」語畢，紙門一開，居然有幾十隻狸貓在庭院俯拜。兩日後，不知活了幾百歲的老狸貓便辭世。

照片：流傳著狸貓和尚故事的神奈川縣鎌倉市建長寺。

能與優秀的人類交流，又不懼死亡的仙人級老狸貓，應該稱得上一流了吧。換成人類世界的話，這般大人物都常會被稱為「老狐狸」，箇中翹楚當然非德川家康莫屬。

與狸貓有關的故事還有很多，像是「狐狸與狸貓互相欺騙」，比誰技高一籌的故事，有機會的話，再為大家介紹。

令江戶人大吃一驚的「會說話的貓」

不小心說出口的「貓的真心話」

有許多地方流傳著貓會說人話的故事，但是會被寫成故事可是一點也不怪，因為養在一般的寺廟或旗本家的貓如果突然自顧自地說起話來，或是因為沒抓到麻雀而喃喃自語地說：「真可惜啊……」的話，聽到的人應該都會大吃一驚吧。

剛剛提到的這位旗本是住在新宿牛込榎町的羽島，他家養的貓在天保六年（一八三五年）突然說起人話，但在眾多貓開口說「真可惜啊……」的故事之中，最令我印象深刻的就屬江戶時代的隨筆《耳袋》的故事。在這個故事裡，聽到貓說人話的旗本說了句：「你這傢伙明明是貓，居然開口說人話，甚是奇怪。」之後，就打算殺了這隻貓。結果這隻貓居然說：「我沒有開口說話」，結果這位旗本「又嚇了一跳」而鬆手，貓便趁隙往屋頂逃竄，再也不敢現身。

貓與狸貓生的小孩很會說人話？

《耳袋》還提到另一個內容相似的故事。寬政六年（一七九四年）江戶山伏町的寺廟裡，有隻貓正打算攻擊一隻鴿子，和尚卻故意趕跑鴿子，沒能順利抓到鴿子的貓說了句：「真可惜啊」之後，反而被和尚牢牢抓住。和尚問抓在手中的小貓：「你明明是隻貓，為什麼會說人話？」結果小貓開口回答：「會說人話的又不只是貓，只要活個十歲，誰都會說人話，再過個十四、十五年，就能擁有神奇的力量，只是沒有貓能活那麼久而已。」

無法接受這番說詞的和尚又問：「說人話的緣由我算是聽懂了，但你這傢伙還沒十歲吧？」小貓又說：「如果是貓與狸貓生的貓，只要幾歲就會說人話了。」

和尚總算點頭認同地說：「我總算了解了，今後別再被別人聽到說人話，就安心地待在本寺吧。」小貓行了個禮便一溜煙地消失，再也沒有現身。雖然父母親有一方是狸貓就能說人話的說法很新穎又很古怪，但從聽到待在本寺也無妨之後，行禮再離開的模樣來看，恐怕這小貓不是普通的貓，而是小狸貓吧（！）

「會說人話的」不只是日本的貓

另一個貓會說人話的故事則發生在文化十五年（一八一八年）八月。據說浦和奉行的大宅抓到一隻「體型像老虎碩大的大貓」，這隻大貓一樣會說人話。中國也有類似的故事，有的情節很複雜，有的內容很殘酷，但不管是在中國還是日本，聽到會說人話的貓，通常都會大罵：「你這傢伙，明明是隻畜生，居然敢作怪！」對我來說，無法容忍會說人話的貓咪才讓人覺得不可思議。非得在人類與動物之間劃一條如此涇渭分明的界線嗎？還是說，動物會說人話真的那麼糟糕嗎？

姑且不論中國的情況如何，進入明治、大正時代之後，對待動物的方式也已不同於江戶時代。

寬政三年（一七九一年），甲州切石村山中，石火由村的馬也曾說過人話，但具體說了什麼，沒能詳盡記載。若再往前回溯一年，還另有一匹「會說人話的馬」，據說是被馬子虐待才迫不得已開口訴苦。這匹馬是在東海道坂驛站負責運貨物的馬，將身上滿滿的行李載運到土山的驛站之後，明明已經到了深夜，冷血的馬子居然不餵牠吃葉子，就準備把牠牽回原本的驛站，於是這匹馬才開口大罵。

除了貓以外，在人類飼養的動物之中，會說人話的例子大概就只有上述幾則而已。

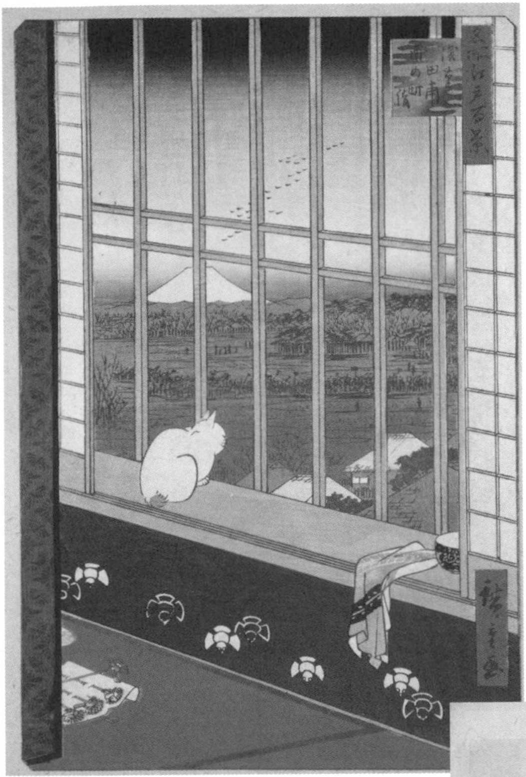

窺視窗外風景的貓。取自＜名所江戶百景　淺草田甫酉的町詣＞（廣重畫）

（右圖）正在閱讀新聞報導的女性與貓咪。取自＜見立多以盡＞（大蘇芳年畫）。

活很久的貓會變成怪貓？

「貓又」是幻化為怪貓的第一步？

最初構思本書內容時，是以右邊這個小標做為標題，但等到真的開始寫，我進一步調查了貓的事情，才發現不管是「怪貓」還是「貓怪」，尾巴不一定都是分叉成兩條的。有些貓在活了一定年歲之後，尾巴會從一條分成兩條，變化為「貓又」之身，但不一定就會繼續變化為怪貓。

基於上述的理由，我才打算介紹所有與貓有關的故事，而不是只把範圍限縮在怪貓這個主題上。在江戶時代本草學者佐藤成裕的隨筆《中陵漫錄》之中，有一個養了三十隻貓的古怪老婆婆，每當她養的貓死掉，她就會把貓的屍體放在用柳枝編成的小籠子裡，再把小籠子放在架子上。這位長得很像貓咪的白髮婆婆後來被殺了，但死了半天，就變成老貓。意思是，她總算露出真面目，不過書中沒提到她有幾條尾巴，就常理（？）而言，應該是只有一條尾巴吧。

穿著老母親的和服睡覺的是……

江戶後期隨筆家三好想山所著的《想山著聞奇集》也有類似的故事。有位老婆婆從以前就討厭點燈，每晚都是在黑漆漆的房間睡覺，她明明有位很孝順的兒子，但說什麼也不想跟兒子睡在同一個房間。某天夜裡，聽到詭異的低吟聲而起床的兒子點燈一看，發現有隻大貓正穿著母親的和服呼呼人睡，於是召集眾人活逮這隻大貓，之後才在緣廊的圍爐後面找到老母親的屍骨。這隻殺母仇人的老怪貓光尾巴就超過一點二公尺，尾巴末端的二十公分處還分成兩條。

這種尾巴末端分成兩條，或是原本尾巴就有兩條的貓被稱為「貓又」，通常會引用《徒然草》的說法說明這種貓。

穿著和服的貓。取自＜朧月貓草紙　初篇、貳篇＞（山東京山作與其他作者／山本平吉）。

「曾有人說過深山有會吃人的貓又，就算不是深山，這一帶似乎也有活了很久的貓變成貓又，一樣會吃人。」

由此可知，「貓又」也可以是住在山中很久的山貓或是活了很久的野貓，而且書中只提到「貓又」，卻沒有進一步描述尾巴，所以書中所寫的到底是山貓還是其他妖怪呢？正如兼好先生（吉田兼好）所述，「就算不是深山（意指可能是

為了鎮壓怨念而蓋的貓塚。取自＜東海道五十三次之內　白須賀 貓塚＞（豐國／住政）。

鄉下，也可能是都會）」，都有可能會出現貓又，而且相關的研究或隨筆也有很多。

如果上述內容屬實，那麼貓怪的尾巴可以只有一條，露出真面目的時候，尾巴不一定非得兩條。在《想山著聞奇集》裡，討厭燈火的怪貓婆婆被殺後，有人為牠立了貓俁塚這塊石碑，但津村正恭的隨筆集《譚海》提到，有一大群聚在出羽仙北郡的貓說：「太郎婆婆還沒來，舞會就不能開始。」，看來牠們正在等待地位比自己更高的大怪貓出席。奪走如此大貓的尾巴後，用尾巴刺向已幻化為人類老婆婆的太郎婆婆，讓太郎婆婆現出原形。這個主題雖然很棒，但說到底，尾巴還是只有一條，也就是說，不是「貓又系列」的怪貓確實存在。

日本貓的尾巴為什麼很短——令人意外的理由

貓又研究說不定該朝「三分叉」的方向進一步研究。江戶時代的某位老學者觀察某隻睡在屋頂上的貓之後，發現這隻貓的尾巴有兩條，而且就外表來看，只是人畜無害的普通貓咪，與妖怪根本沾不上邊。

由此看來，說不定早就有這種身體殘缺的貓，只是一開始，人類沒有那麼在意而已……。日本以前有剪斷或折斷貓咪尾巴的習俗，所以「日本貓都是短尾巴」的說法的確屬實。但這項事實與「貓又」有什麼關係？有人因為好奇而開始研究這個問題。

之後還有「猛獸系列」與「怪貓系列」的貓。從《明月記》的記載可以發現，這些貓在日本南部攻擊與殺害了許多人，最後變成人們眼中必須驅離的猛獸。

另一方面，怪貓也在文藝活動留下蹤影，例如《馬貓騷動》、《龍造寺家的怪貓》、《鍋島貓騷動》就是與怪貓有關的著作。雖說這些都是「古早的傳說」，但怪貓騷動在明治二〇年代之前，都還會登上新聞版面喲。

被稱為「犬將軍」的德川綱吉是怎麼樣的人？

危及天下的惡法「生類憐憫令」

只要寫出貞享二年七月（或是四年一月），幕府頒佈生類憐憫令這項「前所未有的惡法」這件事，立刻能將第六代將軍德川綱吉打成如假包換的壞將軍，但是當我讀了井澤元彥的《逆說日本史》以及山室恭子的《黃門公與犬公方》之後便覺得放心一點，因為這兩本書都有提到綱吉是位名君，稍微替綱吉平反了惡名。

我曾在桃川實的《水戶黃門漫遊記》讀到，有位武士故意違反禁令，將狗斬成兩半的故事，所以才覺得，這種荒唐至極的命令怎麼可能在全日本實行。

其實最近的研究也指出，在京坂、西國的九州一帶，這項生類憐憫令並未徹底實施，所以什麼讓狗穿上錦服、棉襖，坐在大名的駕籠上，旁邊的隨從還高喊「狗大人經過，閒雜人等回避」的故事，或是向麻雀丟石頭就被處分以及奴僕只是拍死停在臉上的蚊子，就被流放孤島的情節，光聽就覺得太不可信。雖然真的有茶坊主（在武家奉茶的職務）因為以吹箭殺死燕子而被斬首，但要是真能一吹中的，射殺燕子的話，那這位茶坊主堪稱冠絕古今中外的吹箭名人。區區茶坊主，怎麼可能有這等本領。

頒佈生類憐憫令的起因是得到綱吉母親桂昌院寵信的護持院隆光雖然每天祈禱，卻沒有任何奇蹟出現，因此隆光便以「全因將軍大人前世捕獵殺生所誤。要排除這些畜生的阻礙，將軍大人必須憐憫生類，累積功德。由於將軍大人是戌年所生，因此要特別愛護狗」為藉口。

據說完全聽信了這番話的桂昌院便跑到綱吉面前，企圖以淚水搏取綱吉的同情，但隆光這名男人可說是很會裝

照片：東京都中野區公所前面的狗雕像，說明這裡曾是狗狗的御用狗屋。

模樣、妖言惑眾的妖僧，簡直就是一名以花言巧語哄騙女人的渣男……。

根據江戶時代的史書《三王外記》記載，綱吉原本不愛狩鷹，但不知道他是為了孝順，還是本身就是個媽寶，當桂昌院說「請將軍大人聽隨隆光的說法去做」，綱吉居然盲從。洞悉歷史的海音寺潮五郎對此解釋「恐怕綱吉本身也沒料想到，這道法令竟會如此極端，更何況愛護動物也沒什麼過錯，也符合聖人的教誨，才會不假思索地頒佈這道法令」，試圖替綱吉辯護，但如果真能如此解釋，坐擁天下的將軍大人何不早點撤銷這道命令呢？

想必綱吉、桂昌院還是隆光，都不曾養過一頭狗或一隻貓吧，如果他們也有自己的愛犬或愛貓，他們又會如何愛護呢？可惜沒有任何傳承的資料足以查證。

狗真的因為「生類憐憫令」而變得幸福了嗎？

在被戲稱為犬公方（狗將軍）的綱吉治理下，住在江戶的狗真的有變得比較幸福嗎？這是我最在意的事情，可惜沒有任何紀錄提到這件事。「一旦人類對狗客氣或是害怕狗，狗也會嗅到這股氣氛，於是會有越來越多小看人類，恣意濫咬人類的野狗」，以這個時代為小說題材的作家常如此描寫，但是這跟我所認知的狗的生態不太一致。

綱吉頒佈的生類憐憫令維持了二十八年之久，若以狗的壽命來換算，差不多接近三個世代，只是狗兒子要將「當時的人對我們很客氣，不會打我們，也不會遺棄我們」這件事傳給狗孫子的話，憐憫令的有效期間還是太短，在法令實施期間出生的狗兒子恐怕是在「狗在福中不知福」的狀態下生了狗孫子吧。綱吉曾留下「余死後，生類憐憫令要持續實行三代」的遺言，但繼任的德川家宣一上任，就立刻廢止了生類憐憫令。換言之，到了狗孫子的世代，人類不再像過去那樣，對狗投鼠忌器。我認為狗小看人類的期間絕對不長，但也不至於回到狗孫子三代之前的狀態，人類與狗的關係應該比三代之前的狀態好一點。

在生類憐憫令頒佈之前，江戶人絕不是什麼愛狗人士，不過在綱吉死後，人類的確比較照顧狗。貓、牛、馬也因此跟著受惠。這部分雖然沒有文獻佐證，只是我個人的推測，但我相信就是如此。

不管是狗群在狗將軍時代膽敢襲擊人類的故事，還是為了反抗故意殺狗的記錄，抑或水戶光圀拯救因殺狗而獲罪入獄的罪人的故事，聽起來都只是街知巷聞的笑話或小說的情節。

在生類憐憫令頒佈後，有些人刻意扭曲「生類」二字的解釋，將狗之外的蚊子、蒼蠅、跳蚤、蝨子、塵蟎一併納入「生類」的範圍，所以才害綱吉的聲望受損。其實綱吉對這些生物或野生動物根本不感興趣。

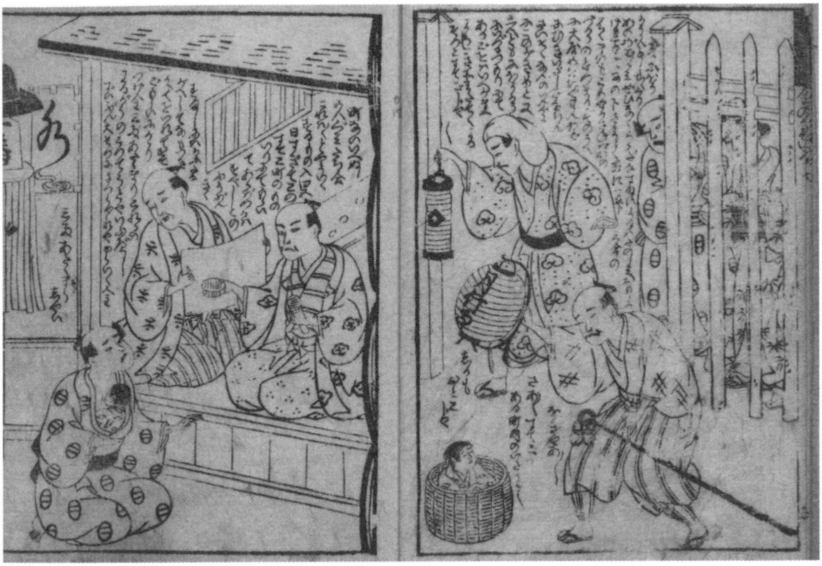

生類憐憫令的保護對象包含棄嬰。從圖中可以得知，當時有許多棄嬰。取自＜金父母 3卷＞（鳥居清經畫）。

弄假成真的「綱吉名君說」

在先前提到的《黃門公與犬公方》之中，綱吉曾對側用人（將命令傳至老中的職務）柳澤吉保施以教戒。從這個教戒來看，綱吉對於桂昌院的孝心並非「愚孝」，也未被妖僧所惑，只是一心想以儒道、佛道的仁愛與慈悲引導眾人的腳步，但是修佛者只會出家為僧，不會引導眾人，儒者則不覺得吃鳥獸的肉與殺生是種罪過。「這真是值得憂心」，這是綱吉唯一且十足貴重的一句話。

假設「生類憐憫令」是源自這種政治思想，那麼那些將狗看得比人類還尊貴，藉此虐待人類的，都是冗官冗吏，這些趨炎附勢的小人與俗人也耽誤了政局。不管是哪個時代，都少不了這些人。換言之，若硬要說綱吉是昏君，最多是綱吉不曾喝阻這些俗人的這點吧。

向來主張綱吉是名君的歷史學者大石慎三郎指出，大開人材晉升之道的綱吉設立了側用人

（勝手掛老中）這類民政與財政的制度，也推動行政改革，甚至命令勘定奉行（管理金錢、穀物出納的官職）推動經濟相關政策。此外，《坎普法與德川綱吉》的作者貝莉女史官提到，綱吉還改善了棄嬰、殺嬰的人[6]、牢犯的待遇。

這些都是德政，綱吉之後的每位將軍也蕭規曹隨，培養出不少文化人士。這些史料我是根據《逆說日本史》所寫，但根據作者的主張，綱吉將視人命如草芥的社會風氣改革成生命重於一切，是一名「政績超越聖德太子的政治家」。如今已是透過各種研究，重新檢視織田信長、足利尊氏與明智光秀這些人物的時代，而在這些「需重新檢視的人物」之中，綱吉可說是頭號人物，因為日本史在他之後，有了十足的改變。

[6]江戶時代為了提升生產力，故禁止因家貧養不起小孩，而在嬰兒一出生就殺掉的習俗。

充滿日本人的親切與人情味的「狗狗伊勢神宮參拜」

「狗狗參拜伊勢神宮」是江戶的日常風景？

一般認為，狗狗參拜伊勢神宮尚未產生正式紀錄。日本犬研究家齋藤弘在《日本犬》第一卷第一號（昭和七年四月／日本犬保存會）的投稿被視為是史上最初的文獻，後續齋藤先生再於「狗狗的伊勢神宮參拜」（《與動物一起》平岩米吉編／筑摩書房）刊載了精確的考證，但東京日日新聞也在昭和九年一月七日刊載了以「遠從信州前來伊勢神宮參拜的狗狗」為題的報導，所以單就時期的先後來看，這篇報導應該是歷史第二悠久的紀錄。不過，這則新聞在安政二年（一八五五年）五月，前往伊勢神宮參拜的狗狗與飼主小林和市平安回到的內容上，與後續由稻垣史生編的《江戶編年事典》記載的「狗狗的伊勢神宮參拜」有出入。根據《江戶編年事典》記載，狗狗的飼主為安房國的庄屋先生，年代則是寬政二年（一七九〇年）的秋天。換言之，狗狗前往伊勢神宮參拜的次數不只是有一、兩次，各地區都有相同的紀錄出現。

此外，最近也有許多與前往伊勢神宮參拜的狗狗、飼主以及沿路與狗狗碰面的人們有多麼溫柔的研究，這些研究都極具歷史意義，我向來認為狗狗前往伊勢神宮參拜的例子應該超過十例以上，其中甚至包含非常罕見的「豬的伊勢神宮參拜」。不過我真的很想大罵「吹牛也要有個限度」，但我也知道豬其實很聰明，既然狗前往伊勢神宮參拜的例子多到讓人覺得是奇蹟，那麼豬前往伊勢神宮參拜的例子說不定是真的……？這讓我不禁陷入沉思。

前往伊勢神宮參拜的是人不是狗？

姑且不論豬參拜的例子，若從最早的狗狗前往伊勢神宮參拜的例子談起，會先談到「寬政二年秋天，安房國某庄屋（類似村長的職務）夢見自己養的狗前往伊勢神宮參拜，便讓自家的狗踏上參拜之旅」這個怪談，而這個怪談的出處為津村正恭所著的《譚海》。

如果真的只有狗自己出發，那這個故事恐怕更像是某種怪談，但從「村人送行時，庄屋讓人跟著狗出發」這段敘述來看，庄屋應該有委託某人帶狗去參拜才對。這人應該是庄屋的僕人，如果是從以前就很了解這隻狗的人，那麼狗能順利出發也不算是什麼奇蹟，從頭到尾只是庄屋叫僕人帶狗出發，然後狗跟著僕人去而已，不該解釋成「狗去伊勢神宮參拜」，而是「人去伊勢神宮參拜」，順便帶上狗狗而已。

若上述的解釋屬實，那麼這位僕人帶著狗一起回家也變得順理成章。如果只有狗回來，那當然很稀奇，但從狗狗的「歸巢性」來看，似乎也沒那麼值得驚訝，大家都知道不管是狗還是貓，有時都能展現令人詫異的歸巢能力。

根據在伊勢神宮看到這隻狗的人的說法，

前往伊勢神宮參拜的畫。取自＜伊勢参宮略圖＞（廣重／ゑひ寿屋庄七（惠比壽屋庄七））

「這隻狗與眾不同，喚牠過來，要餵牠東西吃，牠才會爬上家裡的地板，蹲坐著吃完食物，若跟牠說可以出發囉，牠便會跳下地板繼續往前走。如果是馴養的日本犬，這類舉動算是稀鬆平常，但被記錄成狗狗的「個人行動」就很不尋常。

「最初，主人掛在狗狗脖子上的是三百文銅錢，但走著走著，三百文銅錢增加到三千文銅錢，想要把銅錢掛在狗狗脖子上的村民，便跟著狗狗走，幫忙把錢運到下個村莊。」

我認為這才是「狗狗前往伊勢神宮參拜」最值得關注的部分，因為充分敘述了狗狗在旅途中遇見的人，有多麼親切與溫柔。一路上，不斷有人往掛在狗狗脖子的袋子放五文錢、三文錢，所以原本的三百文才會增加到十倍的三千文，但此時狗狗脖子上的袋子變得太沉重，所以村民跟著狗狗一起走，幫忙把錢袋送到下個村莊。下個村莊的莊民在了解內情後，又跟著狗狗走，幫忙把錢袋送到再下個村莊。

這世上應該沒有對狗這麼親切的人吧，換成其他國家，應該沒有人會這麼疼惜狗狗，最糟的情況可能是有人把狗抓起來，吃牠的肉、剝牠的皮，順便摸走牠脖子上的錢袋。

「奉庄屋之命，與狗狗一同出發的男人」中途折返了嗎？如果真的是這樣，這個男人最沒有人情味，反而狗狗在旅途遇見的人還比較像平常人。

從「狗狗的伊勢神宮參拜」所見的日本人氣質

拜德川綱吉之賜，自江戶時代前期之後，視人命如草芥的時代氛圍為之一變，外出也變得更加和平與安全。當人們體認到時代已與過去不同，才總算有餘力善待狗狗。雖然狗狗在犬公方綱吉的時代沒能幸福度日，但到了八十幾年後的寬政時代初期，就得到許多人的愛護。

假設這推論屬實，下一個在安政二年「遠從信州前往伊勢神宮參拜」的例子當然也能如此推論。從這篇報導來看，從信州出發的狗狗沿路得到許多難以置信的愛護，尤其目前留有許多伊勢山田、松坂、四日市、桑名的驛站人員為狗狗所寫的「送貨單」。

身為飼主的小林和市事前向伊勢大神宮許了願，但後來因為某些變故，而讓愛犬代為參拜。據說，小林家的熟人先帶狗狗前往讚岐的金毘羅宮參拜，之後再去伊勢神宮，之後只有狗狗自己回來。這部分的情節沒有任何神怪的成份。當狗狗獨自踏上回程時，各地的驛站人員、村公所人員便陸續發出下列這類官方書信。

前往伊勢神宮參拜的人。取自《道中膝栗毛8篇曁12篇 1》（十返舍一九作．畫／椀屋喜兵衛）。

犬　右参宮為致御祓相添繼送申上候　以上
五月六日　山田役人　小俣村御役人中

收到這些書信的各地官員也不遺餘力地在津、八日市、桑名接力送信，短短一個月，就抵達一百二十餘里外的鹽名田村。

途中，狗狗迷了路，走到與信州不同方向的龜山街道，當地的官員在以駕籠送回狗狗時，還特別附上一封書信，其中寫到「特以駕籠送回，以示恭敬」。

旅行到了尾聲，狗狗抵達小林家的時候，也有旅問屋（於邊於全國各地旅行，一邊兜售商品的商人）正確地記載狗狗身上的錢剩下六十三文。

沿路上，每位驛站人員都對狗狗非常親切。在昭和九年將這件事寫成東京日日新聞的記者曾說：「狗狗前往伊勢神宮參拜一事，恐怕是前所未聞。」但這位記者恐怕沒進一步求證，是否還有其他狗狗參拜伊勢神宮的例子。

《日本國紀》這部日本通史的作者百田尚樹並未將

「狗狗參拜伊勢神宮」的事情看成某種小說或軼聞，反而在《日本國紀的副讀本》中詳細介紹了這件事，還說這件事有種文學性。在該《副讀本》之中，百田氏對於與其對談的有本香氏提到，當時的街道已十分完善，十六世紀就曾有女性獨自一人從京都往江戶出發的紀錄。因為生病、年老或其他理由，未能親自前往伊勢神宮參拜的人，會讓狗代替自己前往參拜。《東海道中膝栗毛》（彌次喜多道中記）也曾描述類似的光景。

一個十二、三歲前往伊勢神宮參拜的少年不懂禮數地說：「大叔，能不能給我一文錢」、「給你也可以，你是哪裡人？」「我是奧州來的」

可見當時前往伊勢神宮參拜就是這麼流行。

旅途中的狗狗。取自《道中膝栗毛8篇暨12篇 2》（十返舍一九作・畫／椀屋喜兵衛）。

百田氏當然也寫到狗狗在途中遇到的人有多麼溫柔，多有人情味。其他前往伊勢神宮參拜的人看到狗狗，都會說聲：「你也要去參拜啊，過來一下」，然後帶著狗狗一起去。甚至有人看到狗狗脖子上的錢袋太重還說：「錢袋很重吧，真可憐，我幫你換成銀子，減輕重量吧。」據說回到家的狗狗比出發時胖很多。「狗狗前往伊勢神宮參拜正是日本文化的象徵」、「這才是真正的日本人」，這也是百田氏的發現與見解。

第四章

日本與動物的巨變期到來

明治時代之後

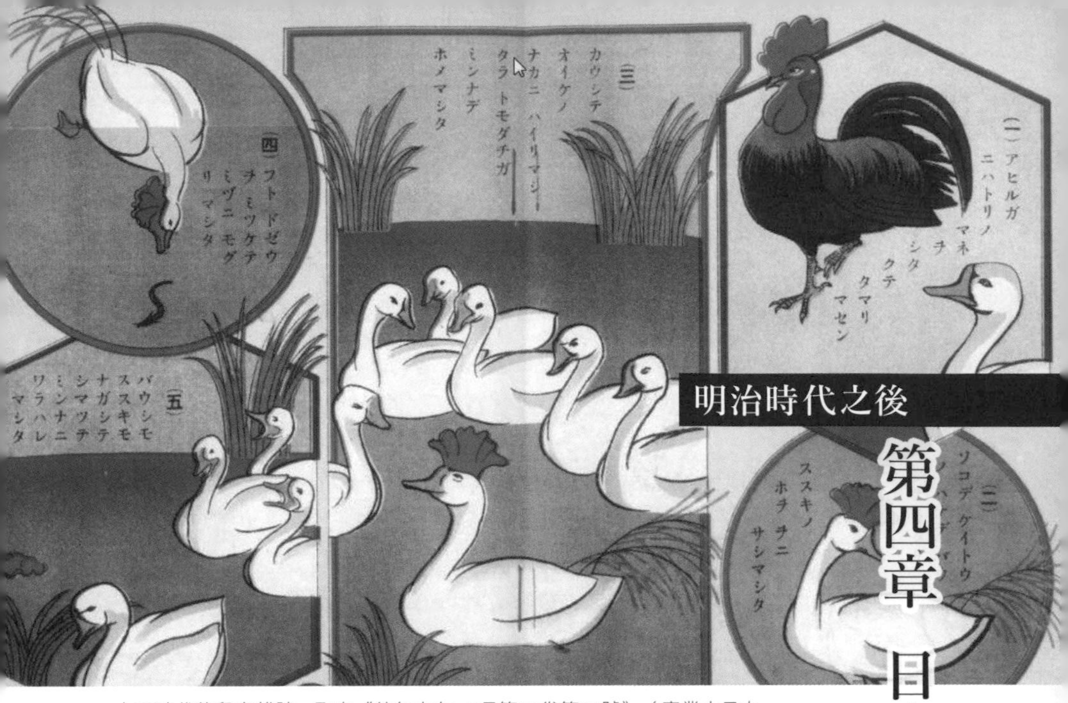

大正時代的兒童雜誌。取自《幼年之友　9月第11卷第11號》（實業之日本社）。

明治時代之後

第四章　日本與動物的巨變期到來

想以動物為主角撰寫歷史時，往往會遇到兩個明顯的問題，一個是大正時代缺乏動物的相關資料，另一個則是昭和年代之後，動物的相關資料多到氾濫，而且種類變化多端，就這點而言，懂得把這第四章命名為「明治時代以後」的編輯部實在非常機敏，我也佩服得五體投地，因為明治時代的「時代背景」相對容易摘要。

換言之，明治時代之後，時代巨輪開始轉動，幕末的日本也不再封閉，勇敢迎接近代，成功轉型為「與西歐並駕齊驅」的強國。進入明治時代後，日本的牛與馬比過去優質多少？光看明治時代的成功其實就能得到這個問題的答案，但從雞的品種改良結果來看，也能知曉一二。由於明治時代很容易摘要，所以「時代背景」也能寫得簡短有力。當時的人們通常很認真，但進入大正時代之後，卻突然變得像酸民一樣，瞧不起所謂的「武士精神」，而時代也在這樣的氛圍下進入昭和年代。

狸貓的畫。取自《藝術資料第三期　第八冊》（金井紫雲編／芸艸堂）。

欣賞猴子的外國男性與日本女性。取自＜橫濱商家異人之圖＞（五雲亭貞秀／辻岡屋文助）。

以愛護動物聞名的明治天皇

明治天皇與最後的日本狼

明治天皇肖像畫。

明治天皇於即位後的三十五年（一九〇一年）十一月前往仙台，為的是檢閱陸軍的大型演習，途中有個人獻上兩匹小狼。

陛下（明治天皇）鍾愛狆一事雖然登上德國漢堡的新聞版面，卻未曾有過牽著大狗的新聞。不過陛下看到這兩匹狼的時候，似乎甚是歡喜，再次巡視仙台之前，都一直帶在身邊。

不難想像隨侍在側的官員有多麼緊張，因為再怎麼說，那可是狼，萬一天皇發生危險該怎麼辦，不過從明治天皇帶著狼出門這點來看，我猜應該是不具危險性的幼狼，天皇見到這兩匹狼也龍顏大悅。話說回來，隔日天皇前往仙台以及返回東京時，底下的人都沒把這兩匹狼帶到天皇跟前，可見名義上是獻給天皇，實質上只是供天皇檢閱而已。

在了解明治三十五年是什麼樣的年代之後，我們這群人都有「原來當時的東北地區還有很多狼啊！」的感慨，不過「日本狼絕種之日」是在明治三十八年，也就是「日本狼晉見」明治天皇這件事的三年之後。民間人士之所以獻上狼，一來是當時日本狼已十分罕見，二來是推測陛下不曾看過日本狼，與其感嘆「原來還有日本狼啊」，「居然能找到兩匹日本狼」才更令人驚訝。明治天皇也可說是見過瀕臨絕種的日本狼的人。

明治天皇鍾愛狆的故事還有後續。這則登上德國漢堡報紙的小道消息也提到「在眾多養在宮中的狗之中，陛下最喜歡狆」，可見陛下在世時，在宮中養了不少狗。自江戶時代開始，大奧（後宮）養了不少隻狆，所以我曾在《千代田之大奧》的浮世繪畫冊見過狆在將軍與大奧的女中面前玩球的場景。

明治天皇的宮中曾是江戶城的大奧，所以也接收了大奧這些用來賞趣的狗。

此外，關於「陛下的愛狗」一事還另有插曲。當時的貴族聽聞陛下愛狗，便從各地收集數百隻狆，再從中挑出一些品種特別優良的狆，命令彫刻師以這些狆為範本，刻出姿態各異的狆彫像，再將這些狆彫像獻給陛下。

不遺餘力地改革日本的畜牧業

除了狗之外，明治天皇也愛馬，他的愛馬叫做「初來」，因為留有照片，所以可以得知是匹儀態不凡的駿馬。此外，明治天皇也醉心於馬術，其沉迷的程度，甚至讓忠心的臣子不得不直言相諫。據說陛下也立刻接納了臣子的這番忠諫。沉迷馬術算是陛下的私事，但在公事上，當時日本的畜牧業遠遠不及歐美，陛下為此心痛不已，也急著要改革與振興畜牧業。

描繪宮中模樣的千代田之大奧。取自《千代田之大奧 螢火蟲》（楊洲周延／福田初次郎）。

我大學畢業後的第一份工作就是進入宮內廳下總御料牧場服務，主要負責的是牛與雞，沒機會學習照顧馬與羊的方法，但這座牧場就是俗稱的三里塚御料牧場，明治天皇命令內務省經營牧場，並於一九一八年移交給宮內省負責。這座牧場與岩手的外山牧場、北海道的新冠牧場並稱三大御料牧場，主要的家畜為牛、馬、羊，我當時則被派去照顧雞。雖然我是在戰後就職的，但當時東京的皇居之內已有「御料乳牛所」這個部門，那裡隨時養有兩頭以上品種極為優良的荷蘭牛，昭和天皇只喝這座乳牛所生產的牛奶，也只吃來自這裡的牛肉。自我進入位於千葉縣的三里塚御料牧場服務後，才知道這座三里塚御料牧場的乳牛常送到皇居之內的御料乳牛所，提供昭和天皇所需的牛奶。「這牛肉、牛奶，真是美味」，負責接送這些乳牛的人員曾告訴我們這些擔任牧場牛舍主任的人，天皇曾如此誇獎這座牧場的乳牛。雖然有點猖狂，但當時的我可是每天擠牛奶，所以可是擁有一身足以與專業人士媲美的手藝。話說回來，當時全都是手工擠奶，現在卻都改成擠奶器，害我沒機會臭屁一下。

因陛下的提案而開始養殖滿州豬

若問與三里御料牧場有什麼關聯性，在日俄戰爭那時，曾有位大官遠從中國大連獻上滿州豬以慰聖心，從以前開始，只要貢品是鵪鶉、鵜、鯉魚這類活物，明治天皇都會在過目之後放生，例如鳥類，會命人「好生飼養」，若是魚類，則是「放到池子裡養」，很少會殺來吃，所以就連這次的滿州豬也在過目之後，就命人「試著繁殖這種豬」，而當這工作落在三里塚的牧場人員頭上時，牧場人員推測陛下覺得「這豬沒什麼特別的，帶到下總這地方繁殖看看吧」，所以便隨手將豬牽到豬圈裡。

不過，滿州豬是沒辦法被圈養的，在滿州，甚至傳唱著「小豬會追在汽車的後面」這類童謠，所以基本上都是

照片：正望著某處的豬。

放養。送來的滿州豬原本有六頭，後來也因為圈養的關係而死了兩頭。

過年後，陛下的侍從來到三里塚牧場，牧場人員心想：「大概是例行的巡視吧」，沒想到侍從告訴牧場人員，陛下下令去看看那些豬現況如何，所以他是來調查的，牧場人員這才支支吾吾地報告滿州豬死了兩頭。聽完侍從的報告之後，明治天皇並未大罵：「太不像話」，反而是說：「恐怕下總的土地不適合飼養滿州豬，試著在其他地方養養看吧。」這時牧場人員語帶顫抖地說：「今後必定盡力飼養，望請陛下寬限些許時日！」之後，也在經過深思熟慮，做出滿州豬必須放牧的結論，於是牧場人員將所有滿州豬牽至豬圈外面放養，也因此大獲成功，讓原本減至四頭的滿州豬得以在兩年之後，繁殖至一百頭以上。據說牧場人員便請侍從來牧場見證，聽聞這番好消息的明治天皇也甚為歡喜。據說明治天皇在試吃之後讚不絕口，覺得肉量雖不及西洋豬（大概是約克夏豬種），但脂肪較少，較合日本人胃口，還將豬肉分給眾大臣，還以鞣皮的工藝將豬皮製成包包，隨時帶在身上。

以上內容皆源自政治經濟研究會刊行的《明治天皇大鑑》一書。

日本狼真的絕種了嗎？

宣佈絕種已逾百年以上

每每提到與日本狼有關的話題，總是會提到宣稱絕種的官方紀錄，以及站在對立面，主張「不對，還有日本狼倖存」的意見。

明治三十八年（一九〇五年）一月二十三日，在奈良縣鷲家口（一說認為是奈良縣東吉野村）捕到一匹野狼，後來由動物學家麥爾坎安德遜收購與帶回英國。據說，麥爾坎在買到手的當下，就一邊抽著煙斗，一邊欣賞將這匹野狼剝皮，製成標本的過程，絲毫不在意賣給他的獵師心裡作何感想。

在官方紀錄裡，這是最後一隻日本狼，如今若請教博物館、動物園的人員或相關學者，都能看到這份紀錄。不過，早稻田大學直良信夫教授的調查指出，明治四十年，在秩父郡野上町井戶一帶，有位名曰吉田濱吉的民眾聲稱，他在山腰的洞穴目擊野狼出沒。

雖然這位民眾的工作為製炭師，並非獵人，但他在當下鼓起勇氣潛入洞穴之後，發現有好幾隻幼狼，之後也抱了一隻幼狼回家，但途中實在太恐慌，便把幼狼留置在距離一公里遠的大澤仁三郎這位農民的家裡。之後，這匹幼狼與大澤家的人非常親近，大澤家的人甚至能替牠套上項圈，拉著繩子外出散步。不過兩三年之後，這匹幼狼的個性變得粗野，也越來越不聽話，大澤家只好把牠讓給東邊三公里遠，住在白鳥村風布的獵人中川累作。直良教授的報告並未說明這隻幼狼的下場，但一般認為，無法照料這隻幼狼的中川累作最終應該會以獵槍結束幼狼的性命。

各種「最後」的目擊情報

明治四十一年二月，也就是官方宣稱日本狼絕種的三年後，時事新報社出版的《少年》雜誌刊出了一則報導，其中提到，在紀州大台原一帶的大杉谷之間，捕獲體重四貫五百匁（約十七公斤）的公狼，這隻野狼後來被送至東京東兩國的百獸店。

昭和十四年，東京瀧川第四小學校的中川老師曾在學校提到：

「大英博物館的野狼骸骨，不是最後一隻日本狼的。由《少年》雜誌介紹的才是最後的日本狼，這隻日本狼曾在淺草或兩國的怪胎秀劇場登場。」

將這番話牢牢記在心裡的學生長大成人後，告訴主持《動物文學》的平岩米吉，平岩米吉在記錄這番談話之後，便於《動物文學》第一七二輯發表。

昭和三十二年一月，大阪府大東市的植村茂也針對這隻於明治四十一年在大台原捕獲，後來被推上秀場展示的野狼寫了篇文章，並於《書林散步》投書，同時提出質疑，但當時似乎沒掀起什麼爭論。

由此可知，所謂的目擊證詞或報告有很多，但得到官方認證的只有明治三十八年，目擊最後一隻日本狼的記錄，不過，也不能就此斷言日本狼滅絕，如今沒有半隻倖存。除了大英博物館的日本狼標本之外，能做為日本狼滅絕證據的還有於和歌山大學、東京科學博物館保存的五個日本狼標本。

相信日本狼還沒滅絕的人們也有其主張

事到如今，仍有許多人宣稱自己是日本狼的忠實粉絲，這些人當然不相信日本狼在明治三十八年或是在之後絕

照片：奈良縣吉野郡東吉野村的日本狼銅像。

種的說法，而是打從心底相信「日本狼如今依舊健在」，不過這些人有件事讓我很在意，因為他們完全不在乎同為野狼的蝦夷狼（北海道狼）是否絕種。

北海道的蝦夷狼比日本狼還早絕種。明治二十九年（一八九六年），函館的某位皮毛商人手中有好幾隻蝦夷狼皮毛的存貨，據說這些存貨賣完就沒貨了，之後也沒人看過活著的蝦夷狼，甚至沒有捕獲或銷售皮毛的任何紀錄。以蝦夷鹿為主要獵物的蝦夷狼習慣群體行動，在生態上佔有上風，但仍無法與體型壯碩的雜食性蝦夷熊抗衡。

北海道大學名譽教授犬飼哲夫博士指出，北海道廳自明治十年開始提供獵殺蝦夷狼的獎金，但到了明治二十年，沒有半個人捕獲，所以這連續提供十年的獎金也就此取消。最後的紀錄停留在明治二十八年，因此教授也做出「現在當然已經沒有蝦夷狼了」的結論。

引領江戶～明治流行的蝙蝠

江戶最流行的東西居然是蝙蝠？

蝙蝠於白晝飛行的御一新——這是對進入明治時代之後，各種風俗為之驟變的一句諷刺，現在說的「明治維新」在當時似乎說成「一新」或「御一新」。在當時，還沒有所謂的蝙蝠傘（就是現代雨傘），在寬保延享年間（一七四一～一七四四）之前，日本只有「蛇目的唐傘（將和紙貼成同心圓的和傘）」。

刺青也是從明和（一七六四年～）之後才開始流行，但其中居然也有蝙蝠的刺青，據說用意是為了晚上也能看清楚。現代人若是在手臂或背後刺蝙蝠的刺青，大概會讓人覺得很噁心，但明和年間的日本人似乎不會這麼覺得。

此外，在當時能撐陽傘的人，都是有一定身份的人，而且連武士也會撐陽傘，但是進入文政年間（一八一八年～）之後，一般民眾也開始撐白色傘面的陽傘，流行了一段時間後，到了萬延元年（一八六〇年），蝙蝠傘總算出現了。

據說蝙蝠傘是當年隨幕府使節前往美國的軍艦奉行木村攝津守於舊金山買來的，但《守貞漫稿》記載在稍早的安政年間（一八五四年～），比江戶更追流行的橫濱就有武士與平民使用蝙蝠傘。基於方便、輕巧的特性，蝙蝠傘一下子就造成流行與普及，蝙蝠傘這名字肯定是立刻出現。

其實還有蝙蝠羽織（披肩）或蝙蝠半天（日式短外套）這類冠上蝙蝠的東西，但這些都是從江戶初期發跡，而且剪裁都很短，看起來很像是沒有尾巴或下半身的鳥，所以才被冠上蝙蝠之名。

有風俗相關報導指出，文政末期（一八二九年左右），蝙蝠曾造成大流行，但所謂的大流行不是指飼養或捕捉蝙蝠。到底蝙蝠有多流行？從下列的字句可見一斑。

夏衣的花紋自不待說，髮簪、梳子、手帕的圖案若非蝙蝠，福不臨門。（《夜不成眠的慰藉》片山賢著）

一般是將知名演員市川團十郎臉上的紋路稱為「福牡丹」，但這三條紋路看起來很像是在飛的蝙蝠。這個紋路將蝙蝠的「蝠」換成「福」，再畫成這個圖案，然後造成流行。

男子漢必玩的「抓蝙蝠」是什麼？

正當我在住家附近找了很久，遲遲無緣見蝙蝠一面而急得有點發慌的同時，在德川時代接近尾聲的元治至慶應（一八六四～一八六五年）年間的《古今百風 吾妻余波》這本書找到「當世兒童遊戲全集」這項內容。其中居然包含「抓蝙蝠」這個遊戲，看來江戶的文化人士對於任何細微的事情都很講究啊。在這部兒童遊戲全集之中，屬於男孩子的遊戲有三十六種，女孩子的遊戲有十六種，男孩女孩都能玩的遊戲共六十種，加起來總數多達一百一十二種，但若從現在的角度來看，絕大部分的遊戲都不知道是什麼內容。

押澤庵、釜鬼、細螺杓、TENTETSUTON、爺爺奶奶毛唐人、茶坊主、千手觀音、鹽屋紙屋——與其他。

讓我們來猜猜這些遊戲的內容吧，猜中的話，可以大聲慶祝一下。幸好我讀過很多小說，所以才能推敲出幾種。「根木」就是把削尖的木柴往地面刺，再利用別根棒子打飛的超危險遊戲，而「蔭屋唐祿人」用現在的話來說，就是「踩影子遊戲」。

接著讓我們來猜猜「抓蝙蝠」該怎麼玩吧。進入明治時代之後，就算到了晚上，也是燈火通明，許多蟲子會被這些燈光吸引，也引來許多要捕食這些蟲子的蝙蝠，而且這些蝙蝠比過去待得更久，所以就算在家裡附近，也能隨時看到這些蝙蝠。

所以我猜「抓蝙蝠」也與「抓蟬」、「釣蜻蜓」一樣，變成男孩子愛玩的遊戲。不過……又該怎麼回答「抓到蝙蝠之後要怎麼玩？」這個問題呢？

在我苦思多年之後，突然有一天想起在昭和五年（一九三〇年）發行的《漫畫的罐頭》裡的某位小孩的身影。這部漫畫幾乎可說是古典名著《浪浪小黑》（NORAKURA）的作者田河水泡的出道作，其中有一個「漫畫十二個月」的系列，內容是每個月的漫畫。例如一月是「南洋的新年」、二月是「二月打雪仗」，八月的標題則是「八月的傍晚乘涼」，內容是小河、賣剉冰與彈珠汽水的雜貨店以及從山丘微微升起傍晚月亮，還有三十名少年少女以及幾位看起來年長幾歲的少女在小河裡游泳。有的則玩著從高處跳下或是追著蟲子跑的遊戲，還有一些人正在玩手牽著手，圍成一個圈圈，繞著圈圈裡面轉的人的遊戲。

其中有一個望向樹木遠方的男孩子。他手中有枝長竿，上面還掛著一個有兩條尾巴的橢圓形裝置（這部分還真難形容）。這位戴著學生帽，穿著筒袖、短版上衣與草鞋，正以這個橢圓形裝置為餌，準備釣在半空中翩翩飛舞的蝙蝠。這男孩肯定是在玩「抓蝙蝠」這個遊戲。

這個「遊戲」一直流傳至昭和初期。現代已經是想涼爽一點，就待在冷氣房的時代，所以「八月的傍晚乘涼」這種充滿季節性的活動已經絕跡。如果蝙蝠會在傍晚的時候飛來飛去，男孩子肯定想抓來玩吧。不過，那個橢圓形的誘餌（？）到底是什麼……？該不會是豆皮或魚板吧？可惜我到現在還是不得而知，如果有人知道的話，還望賜教。

從神事演變為公營競技，近代賽馬的起源

賽馬的起源為一千年前的「競馬」

在很久很久以前，賽馬在日本稱為「競馬」或「驅馬」，在奈良時代之前，與相撲、拔河同為農村的神事（於神明面前舉辦的活動），後來變成專屬朝廷的儀式，每年五月五日會舉辦一次。競馬這項神事雖然曾在冷泉天皇在位期間（九六七～九六九年），因五月的節慶（召集群臣舉辦的活動）停辦而一時停止舉行，但到了寬治七年（一〇九三年），進入堀河天皇的時代後，又以上加茂神社的祭典為名重新舉辦，堀河天皇也於當時捐獻十番（馬的編制，一番為兩匹）的馬與二十四馬的馬料（支付給官吏的錢）。

後來這每年舉辦的競馬活動雖因應仁之亂停止舉辦，到了江戶時代之後年年舉辦直到今日。

反觀近代賽馬應是文久元年（一八六一年），由橫濱貿易區的英國人於山下町興建賽馬場之後才開始。自慶應元年（一八六五年）根岸村興建賽馬場之後，就直接稱為根岸賽馬，明治六年（一八七三年），英國人設立了賽馬協會「The Nippon Race Club」，接著明治二十一年（一八八八年），「馬券」首次發行，歷史學者岡田章雄將上述的歷史記錄在其著作《日本史小百科》的動物章節裡。

像是在對這些英國人舉辦賽馬活動大喊「什麼？」與之抗衡的賽馬活動為「九段競馬」。一提到東京九段，大部分的人會想到靖國神社（舊稱為招魂社）創建之初，曾於神社境內舉辦賽馬。自此之後，每年舉辦例行的大型祭典時，都會舉辦九段競馬這項活動為奉獻，而這項九段競馬又稱招魂社競馬。

競馬圖。取自＜新版競馬當物＞（梅堂國政）

賭博色彩濃厚的賽馬熱潮

明治十二年（一八七九年），為了歡迎訪日的美國格蘭德將軍，特地在東京牛込的陸軍戸山學校舉辦了賽馬活動，明治天皇也親臨現場同歡。自此，每年春秋兩季都會舉辦戸山賽馬活動。自明治十七年（一八八四年）之後，改於上野不忍池池畔舉辦。

不忍池賽馬活動雖盛極一時，也聚攏了各方人氣，但最重要的收支卻無法平衡，所以只舉辦了短短九年，明治二十六年（一八九三年）便不得不解散。

除了賽馬活動之外，明治政府在歷經中日、日俄這兩場戰爭之後，深感日軍的戰馬，也就是日本馬實在太過貧弱，所以騎著體型嬌小的軍馬率領騎軍衝鋒陷陣的秋山好古當然會那麼辛苦。騎在阿拉伯馬上的乃木希典將軍則是一副英姿颯爽。

為了改善軍馬貧弱的問題，日本政府進口了澳洲的種馬，並且日以繼夜地改良品種，此外，明治三十九年（一九〇六年）當時的內閣以行政命令的方式舉辦賽馬，也鼓勵馬券的銷售。

於上野不忍池舉辦的競馬。取自＜上野不忍大競馬之圖＞（歌川國保繪）

在政府大力支持下，賽馬協會或賽馬俱樂部接二連三在日本全國成立，關西一帶在鳴尾設立，關東一帶則選在川崎、馬黑、板橋設立，賽馬活動也如火如荼地展開。但其實大部分的人只在意手中的馬券是否中獎，根本沒空欣賞賽馬衝刺的英姿，也不想討論騎手的馬術與成績，於是馬券便被禁止銷售，熱潮也瞬間冷卻，相同的情況一再上演。根據岡田章雄的記錄，明治時期，從函館到小倉、新瀉一帶，全國共有十六座賽馬場與賽馬俱樂部。最驚人的是，目黑賽馬協會曾在某一年對十元的馬券支付一三二一元，約當一百三十倍的獎金（換算成現在的幣值，相當於五百萬元），但凡聽聞這一攫千金的消息，應該沒有人不會心動吧，但也因此出現了許多為了賭馬而傾家蕩產，妻離子散的人，整個社會也開始譴責，於是馬券又再次被禁止。

之後，競馬法於大正十二年（一九二三年）制定，可連同馬券一併銷售的賽馬活動也得以放行，但這項法律也規定，二十元的馬券最多只能得到兩百元的獎金，不過這與一心往前衝刺的賽馬沒有半點關係就是了。

全世界與日本的動物園起源

動物園源自英國國王私人獸欄？

大家都知道動物園的英文是「zoo」，但其實這是縮寫之後的單字，英語圈至今仍有不少地方以「動物學公園（Zoological Gardens）」稱呼動物園。

在向一般群眾公開動物生態的動物園還沒出現之前，這類施設被稱為「Menagerie（獸欄）」，據說是中世紀英國國王亨利一世於伍德斯托克領地建造個人的獸欄，其中收容了獅子、豹、猞猁（大山貓）、豪豬、駱駝與各種鳥類。這些動物後來被移到知名的倫敦塔，在安妮公主的時代，這裡光獅子就養了十一頭，所以倫敦塔又被稱為「The Tower of Minegerie」。據說這座由英國皇室設立的獸欄在一八四〇年，攝政公園的動物學公園設立之前，存在了數百年之久。

進入十八世紀之後，動物學公園開始於各城鎮移動，為的是在各地區的慶典展示動物，這也是巡迴動物園的起源。根據動物學者古基斯堡（C.A.W.Guggisberg）的說法，獅子在當時的巡迴動物園是非常受歡迎的重點商品，但只展覽的話，賺不了太多門票，所以才讓獅子表演各種「才藝」，於是動物學公園就從巡迴動物園變成巡迴馬戲團。

日本首座動物園是展示鳥類的「孔雀茶屋」

日本的動物園也模仿了歐洲的動物學公園嗎？其實不然，日本有更屬於日式風格的「動物園起源」。當時的動物園是稱為孔雀茶屋或花鳥茶屋的設施，在眾多銷售花卉的店之中，有間店掛著「孔雀茶屋」的暖簾（招牌）。江戶時代的雅士大田南畝（蜀山人）所著的大坂見物錄《葦之若葉》對當時的孔雀茶屋描述如下。

「走進一看，錦雞、白鷴、紅面鶴（白枕鶴）、孔雀都養在非常寬敞的籠子裡。環頸雉孵蛋的籠子種有供環頸雉藏身的黃楊，籠子前面的圍欄裡養了綿羊。往裡面繼續走，可看到一處池子，菖蒲、燕子花、日本萍蓬草暗自飄香，掛著蘆葦簾子的茶屋還沒完全蓋好，每個人都在此休憩。與江戶的花鳥茶屋極為相似。」

上述的白鷴是種紅面白長尾的雉雞，蜀山人將「白鷴」這個漢字讀成「shirakizi」。現代的動物園大致上都有養這種鳥。據說蜀山人用來與這座孔雀茶屋比較的花鳥茶屋只營業到天保年間（一八三一～一八四三年）為止。愛聽故事的肥前國平戶藩藩主松浦靜山寫了一本《甲子夜話》，其中提到這座花鳥茶屋養了四隻腳的雞，而且還為這隻雞畫了招牌。靜山為了確認事實，還模仿故事收集家差家臣前往，結果真的有這隻雞，除了原本的腳之外，屁股的左右兩側還各長一隻腳。根據他的記載，這隻雞純屬畸型突變。

從怪胎秀演化為市民的娛樂教育場所

雖然花鳥茶屋的景觀與大坂的孔雀茶屋一樣華麗風雅，但是到了天保年間之後，便因道路重新規劃而停止營

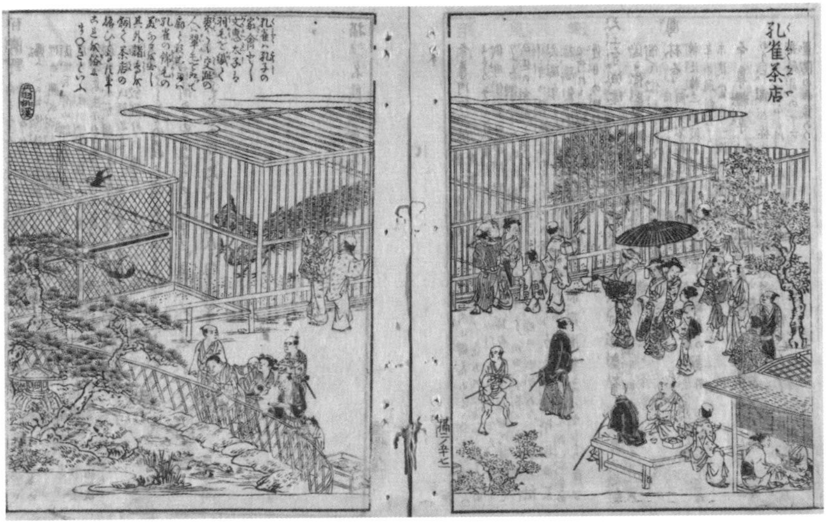

孔雀茶屋在當時的模樣。《鶫津名所圖會　2》（秋里籬島著・竹原春朝齋合繪／森本太助與其他4名助手）

業。若問還有沒有像是動物園雛型的地方，那應該就是江戶時代接近尾聲的文久二年（一八六二年）之際，位於淺草奧山的花屋敷。

根據歷史學者岡田章雄的推測，於一八六二年來到淺草的英國植物學者羅伯特・福瓊在其著作介紹的地方，或許就是這座花屋敷。

「為了歡迎對淺草的庭苑以及博物學部門有興趣的訪客，這裡有處圈養小鳥與其他動物的場地。我在這裡看到綠色的鴿子、身上有斑點的鳥、雄糾糾的大老鷹、金色與銀色的雉雞、鴛鴦、兔子、松鼠。」

（《江戶與北京》羅伯特福瓊著）

從這段敘述可知，幕末的江戶幕府也為市民規劃了娛樂教育。

自明治三十年代刊行的《東京風俗志》（平出鏗二郎著）也提到，這座花屋敷的小動物園豢養了老虎、豹、大象、鱷魚以及蟒蛇（錦蛇），但似乎獨缺做為招牌動物的獅子。

明治五年（一八七二年）二月，有座博物館在日比谷公園的現址完工，館內設置了一座動物園，但說是動物園，其實與淺草花屋敷相去甚遠，大部分的陳列品都是動物標本。

這座博物館在明治十五年（一八八二年）遷至上野，動物園也跟著遷址。四年後（明治十九年、一八八六年）由宮內省接管，明治二十二年（一八八九年）成為帝室博物館附屬動物園，這就是每個日本人都耳熟能詳的「上野動物園」的前身，據說明治三十三年（一九〇〇年）年底，這裡收容的動物多達五百七十二種。

在這五百七十二種動物之中，有一些符合時宜的特殊陳列品，在這些特殊陳列品之中，有一種是宮內省稱為「御預、御下賜」的品項，例如公袋鼠就是御預品，只有母袋鼠是從澳洲的墨爾本動物園採購。在台灣的霧社事件或中日戰爭捕獲或進貢的動物則稱為「戰利動物」，會送至園內的戰利飼養場飼養。

出身奇特的四不像

現今已無野生品種，全賴人類飼養才得以倖存的四不像擁有非常奇特的出身。而且四不像不是象，是鹿的一種，明治二十一年（一八八八年），上野動物園有了第一隻四不像，是由中國清朝政府致贈給宮內省的。想當然爾，會被歸類為「御預、御下賜」的品項，可說是當時最為貴重的動物。不過這隻四不像在明治四十二年就死了。

瑞士的巴塞爾動物園於昭和三十九年（一九六四年）送了一隻珍獸給多摩動物園，許多人以為這是這類珍獸第一次抵達日本，但一知道早在明治二十一年，日本就曾有這種動物時，想必是大吃一驚吧，如果知道這來路不明的四不像曾在日本棲息，其頭角化石也曾在兵庫縣或千葉縣出土的話，想必得連吃好幾驚才對。

動物學者賀伯・溫特推測法國傳教士大衛阿爾芒於一八六五年，清朝皇帝的獵場發現四不像之前，四不像被飼養的歷史已達數世紀之久，若這番推測為真，四不像根本不是什麼珍獸，倒不如說是像印度象一般（雖然不是象），從很久很久已前就是「常見」的家畜，而且早就被人類馴化，這應該也是四不像容易繁殖的原因之一。

如此小眾的四不像與動物園人氣王印度象於同一年由他國致贈日本這點真的很不可思議，聽起來也像是某種惡作劇。於當年抵達日本的印度象原本是一對，但母象在四年後的明治二十六年（一八九三年）病死，沒有留下任何後代。

此外，多摩動物園也於開園之初迎接大山椒魚、駱駝、鴕鳥、海龜、熊（應該是月牙熊）、北極熊這些嬌客，眾所期待的百獸之王「獅子」也由德國漢堡的哈根貝克動物園致贈。

上皇陛下鍾愛的丁格犬與鱷龜

來自澳洲的野犬「丁格犬」

民俗學者柳田國男、詩人室生犀星辭世、電視閱聽大眾超過一千萬人、海洋冒險家堀江謙一乘著遊艇橫渡太平洋，在發生上述事件的昭和三十七年（一九六二年），當時的皇太子殿下（現在的上皇陛下明仁）從情同義兄的池田隆政處收到一頭丁格犬，而這隻丁格犬是由池田從澳洲購得的一對丁格犬所生，也是四胞胎其中的一隻。

皇太子殿下收到的這隻小丁格犬是母犬，雖然與太子妃美智子一同悉心照顧，卻在同年七月月初，發現這隻幼犬的健康出現問題。

殿下將獸醫荒木心齊請來東京御所後，由於荒木是第一次看到丁格犬，便在後續撰寫的「皇太子殿下御愛之丁格犬」一文留下「其毛色如狐，立耳垂尾，屬罕見犬種」的敘述。

殿下問荒木：「請問醫師，您是否知道這狗屬於何類？」難以鑑別的荒木推測說：「應該是柴犬與德國牧羊犬的混種」，但殿下則直接回答：「不是，這是來自澳洲的野狗『丁格犬』。」

荒木也直言，他只從照片或一些說明得知有丁格犬存在，殿下便說：「最近這狗似乎有點狀況，還請您予以診斷，麻煩您了。」

荒木診治後，得知這小丁格犬的腸胃出了問題，便每天來到御所治療，之後卻留下「兩個月大的幼犬會將泥沙吃下肚，所以才會有害健康，甚至出現了血便」的紀錄。

雖然獸醫師替這隻幼犬注射了不同藥品，也嘗試以各種口服藥治療，但過程仍不如預期。

照片：澳洲的野生丁格犬。

到了七月二十三日，荒木終於下定決心力請殿下讓這隻幼犬「入院治療」，接到自家的荒木獸醫科醫院，並且親自治療長達一個多月。

荒木的理由是「由於此犬胃虛腸弱，先於飼料混入胃腸藥治療，再施打犬瘟熱疫苗，使其靜養，避免於其他犬隻接觸」。結果就在住院治療一個月又七天之後，這隻幼犬不僅恢復健康，不再血便，甚至單憑目測就能看出體重增加不少，於是荒木總算放心地將這隻幼犬送回御所。

自此，這隻丁格犬便過著平安健康的生活。荒木提到「丁格犬本為野犬，就算曾由人類飼養，也只被澳洲的原住民飼養過，所以不太喜歡處處受到壓抑，因此，就算被當成寵物飼養，也不能給予過多壓力」，不過這隻「皇太子愛犬」非常黏殿下，所以就算是被殿下訓練，也不太會反抗，後來也與皇太子浩宮（現在的天皇陛下）非常親近。

如今仍是非常罕見與未經馴化的野犬

時光荏苒，當初的皇太子成為天皇，後來又成為現在的上皇陛下。或許有些人會以為，丁格犬應該會被馴化為寵物，養的人應該會越來越多，但其實相較於飼養數量眾多的柴犬，丁格犬仍屬於罕見的品種，所以飼主通常非常自豪。

我只看過一隻由個人飼養的丁格犬，我記得這種狗的體型略顯瘦弱嬌小，身上的毛皮則呈暗紅色，一點都沒有野生犬的威猛，但警戒心極高，即使飼主旁邊，也有可能攻擊別人。

丁格犬又稱澳洲野犬，主要分佈於澳洲的森林，為夜行性動物。即使是野生的丁格犬，攻擊性不高，也沒什麼脾氣，反過來說，個性有點膽小。根據動物辭典的推測，丁格犬應該是在太古時代，由南亞人帶到澳洲。

另有書籍記載，丁格犬與印度野狗（Pariah）相似，不過印度野狗是一種在印度流浪的「原始犬」或「半野犬」，常以人類屍體或垃圾為食，也是病原體之一，總而言之，是不太受歡迎的犬種。在狗狗的世界裡，仍有這類「野生犬」存在。不曾來到都會，始終保持野生狀態的丁格犬與在都會出沒，只剩半分野性的印度野狗說不定是一對哥倆好。

來自南美的禮物「真鱷龜」

在上皇陛下仍是皇太子的時候，曾收到另一種珍奇的寵物，那就是來自南美的真鱷龜。殿下自南美回國後，立刻告訴浩宮：「這真鱷龜足足有這麼大」，用雙手比劃大小的照片也登上了新聞版面。

照片：張開大口的擬鱷龜。

雖然這隻真鱷龜的照片沒有登上新聞版面，但相關的報導替牠取了「來自南美的鱷龜」這個威風凜凜的名字，但這種真鱷龜的原產地其實是北美。若問南美有什麼危險的烏龜，那當然非擬鱷龜莫屬。

顧名思義，這種擬鱷龜的攻擊性遠在真鱷龜之下，最為知名的特徵就是會用強狀的下顎咬住敵人，脾氣也非常暴躁。若不小心被牠咬到，恐怕手指都會被咬斷，而且與日本的鱉一樣，有著不打雷絕不鬆口的傳聞。雖說真鱷龜比擬鱷龜稍微溫馴，但《鹿苑長春》的作者瑪喬麗・金・南勞林斯也一再宣傳真鱷龜有多麼可怕。殿下該不會把如此可怕，分佈於北美至南美北部的擬鱷龜送給浩宮做為伴手禮吧？就算用手抓著擬鱷龜的後面，也還是很危險。說不定當時的新聞記者聽到擬鱷龜的日本譯名（死咬著不放的烏龜）之後，嚇得改成聽起來稍微妥當的「鱷龜」，然後才發出新聞稿。

我在巴西看到的烏龜是在聖保羅州有許多岩石

的河裡，現在想起來，當時看到的烏龜算是非常大隻，說不定就是所謂的擬鱷龜。由於牠被挾在岩石之間動彈不得，所以我才敢接近。雖然牠也沒突然張口，但住在附近的日本人移民與他們的小孩都不敢抓這種烏龜，我還記得當我問他們這烏龜的個性如何時，他們連說了好幾句「Perigoso（危險）」的表情。

自平成末年開始，就有不少消息傳出，這種真鱷龜在日本成為野生種。比起擬鱷龜，這種真鱷龜的確是比較溫馴，但還是很危險。由於這種鱷龜沒有尾巴，所以只要抓住龜殼的後緣就能逮到牠們，但牠們絕對是超級危險的動物，離牠們遠一點才是上上之策。

昭和時期令東京人為之震驚的「黑豹脫逃事件」

從上野動物園脫逃的黑豹跑到東京的大馬路上！

這是於昭和十一年（一九三六年）七月二十五日發生的事件。黑豹從上野動物園的猛獸園區脫逃！這新聞一傳開，嚇得帝都東京的半夜人心惶惶。

只要是動物園的動物，不管是不是老虎、豹、獅子或其他猛獸，只要當天營業時間結束，都會嚴格控管，尤其到了晚上，飼育員還會輪班巡邏，確認每隻動物的狀況。

猛獸都會從「運動場」，也就是給遊客觀賞的空間送回後面的「睡覺小屋」，關在重重的鐵門後面。而且不管是熊、狼、鬣狗還是其他猛獸，園方通常不會在運動場餵食，也三令五申禁止觀眾「餵食」，所以肚子餓到不行的動物會在關園之前，在睡覺小屋的門前徘徊，等待餵食的時間到來，所以鐵門一打開，動物們就會爭先恐後地衝進睡覺小屋。偶爾也會有動物不想進去，但通常不需要飼育員花太多力氣。飼料就放在睡覺小屋欄杆底下的拉出式飼料箱裡面，所以動物一回到睡覺小屋就能立刻飽餐一頓。

事件發生當天，黑豹似乎有點無精打彩，所以餵食後，睡覺小屋的鐵門還是敞開的，方便巡邏的飼育員用手電筒確認黑豹在漆黑的小屋裡散步的身姿，或是看看黑豹有沒有在夜風吹襲的運動場睡覺。

明明在晚上兩點巡邏時沒有任何異常，但早上五點巡邏時，便發現事情大條了，因為黑豹居然就地蒸發，消失的無影無蹤！

於是園方立刻召集一百名人手搜索黑豹，但不管在園內找了多久都找不到，便立刻緊急通報上野警察與憲兵隊，當時警視廳還出動了稱為「新選組」的特別警隊，日本犬保存會也支援兩隻狗，獵友會鐵砲組也加入搜尋，組成人數高達七百人的黑豹搜索隊。

同年二月，皇道派青年將校帶領一千四百名士官兵發動武裝政變，殺害了齋藤內大臣與高橋大藏大臣，這就是俗稱的二二六事件，而黑豹脫逃的事件就在陸軍軍法會議做出二二六事件相關判決的兩天後發生。

那是紛擾的時代，當時的日本還發生了共產主義學院事件、東京奧運申辦成功與取消，中國這邊則發生了西安事件，歐洲也爆發了西班牙內亂，我還記得當時還是小孩的我，從廣播聽到「上野動物園的黑豹脫逃」的新聞時，的確很忐忑不安。

話說如此，即使這麼大的事件就在身邊發生，也沒有嚇得以為「黑色的猛獸會突然破窗闖入」，只是豎起耳朵收聽新聞的進展，但後來沒有任何新聞傳出，廣播也只告訴大家，沒有任何人遇害。

在人孔蓋底下發光的黑豹之眼

我依稀記得那天的不安與恐怖，但沒過多久，事件就在下午兩點三十五分的時候解決了。位於上野動物園與相鄰的美術學校（後來的東京藝術大學）之間的千川上水流往地下的暗渠附近，發現了疑似豹的腳印，於是搜尋隊便於上野公園內的暗渠會合，把園內的一個個人孔蓋掀開來。

(二) 昭和十一年七月二十六日 (日曜日) 東京朝日新聞 第一

上野動物園の黒豹
けさ檻を破って脱出
新撰組二個中隊出動

帝都の戰慄

美校裏手に足跡

漸く發見さる！
暗渠の中に眼光らんく
脱走後約十時間で

物々しい捕物陣

黑豹脫逃的新聞報導。取自《東京朝日新聞》昭和十一年七月二十六日版面。

一會兒，公園職員在公園事務所舊址的二本杉原這條路的人孔蓋底下，發現在漆黑之中閃閃發亮的豹眼。

為了避免黑豹沿著暗渠脫逃，搜尋隊決定在下一個人孔蓋的下方設置障礙物，斷絕黑豹的後路，接著再做一個大小與暗渠一致的木盾，然後像是擠牙膏般，將木盾一步步推往黑豹的位置。

負責推盾的是上野動物園鍋爐人員原田國太郎。這位原田先生還在橫須賀槍砲隊服役時，曾於野馬馴服大會取得頭獎，也曾於業餘的相撲比賽晉升至大關，這件事也曾登上當時的讀賣新聞版面。

園方掀開黑豹躲藏之處的人孔蓋之後，在上面設置了圍欄，還在圍欄外面鋪設了捕網，接著原田先生從發現足跡的暗渠入口，一邊推著木盾，一邊前進，接著生火，以煙霧驅趕黑豹。無路可逃的黑豹被迫從人孔蓋往上跳入圍檻，也因此在下午五點三十五分時被逮個正著。

從發現脫逃到捕獲總共歷時十二個小時，所幸，沒有任何人傷亡，黑豹也沒有受傷。

黑豹脫逃事件成為某件悲劇的起點

根據《動物園的昭和史》秋山正美的說法，這隻脫逃的黑豹之前就曾爬到天花板附近，從柵欄的縫隙盯著外面的世界看。這座獸欄的天花板不是密不透風的屋頂，而是呈放射狀分佈的鐵柵欄，柵欄之間的某個縫隙剛好能讓黑豹的頭探出去，據說這個縫隙還沾到了黑豹身上的黑毛。

可見黑豹一直準備從這個縫隙鑽出去，而這個縫隙的鐵柵欄似乎比外圍的柵欄來得更細。

黑豹脫逃事件與同年發生的阿部定事件（五月十八日）、二二六事件並稱昭和十一年三大事件。說是事件，其實沒傷及任何人與動物，但這個事件卻讓東京都長官大達茂雄提出「戰事猛獸處分」，而這項提案也於昭和十八年（一九四三年）八月十六日實施，這件事對我個人來講，是難以抹滅的記憶。

即使到了現在，我仍然不明白，也不願相信，個性溫柔又念情的日本人怎麼捨得對動物下毒手。東京都長官大達茂雄認為當東京遭受空襲，動物園又被炸個正著的話，將有大匹的猛獸與毒蛇從園內竄逃，所以決定事先處死上野動物園的大象、獅子、老虎、熊、豹、毒蛇，種類多達十四種，數量也高達二十七頭。

我認為這是「人類之恥」，我也不願繼續說明這項紀錄，但當時認為，市民光是聽到園內槍決動物的槍聲就會感到不安，所以決定毒殺動物或是放任動物餓死，再也沒有比這種手段更加殘忍與殘酷的了，尤其聰明的大象還以為只要表演才藝就能得到食物，所以一直走到表演台上坐著或是倒立，如此殘酷的事實也令我不忍進一步介紹下去。

以忠義之心成為日本第一名犬的「小八」

淘氣的幼犬最後成為悲劇之中的忠犬

小八一出生就被人放在米袋，從秋田運至位於東京澀谷區松濤，前帝大教授上野英三郎的家中。上野家原本有兩隻名為「John」與「S」的小狗，所以幼小的小八應該在上野家過得很快樂才對，不過小八與上野教授的緣份並不深，因為上野教授自大正十三年收養牠之後，只養了牠一年左右。

上野教授死後，雖然有人願意收養小八，但淘氣的小八總是立刻跑回教授的家（話說回來，這是狗理所當然的習性），後來又有吳服屋的人願意收養牠，但牠卻搞得男主人與賓客雞飛狗跳，所以又被送回教授家。之後，上野教授的遺孀將牠託給園藝店的人照顧，但牠居然跑到附近的田裡作怪，害園藝店的人與鄰居發生糾紛。

不管是血統純正的狗還是來路不明的野狗，都需要基本的調教，否則會一直造成主人麻煩。

「八公」這個名字應該是後來才取的暱稱，牠在生前應該只被叫做「小八」才對。做為飼主的上野教授在大正十四年五月二十一日出席農學部教授會議時，因腦出血而猝死（不知是何緣故，居然有人謠傳是於外國猝死），不知此事的小八為了迎接主人回家，每天都跑到離家最近的澀谷站等候，這就是小八成為天下皆知的「忠犬」的由來，如今澀谷站前還看得到小八的銅像。只要是日本人，沒有人沒聽過小八的名號，小八也可說是狗界的超級英雄。

小八在飼主死後的十年內，每天都去澀谷站等主人，最終於昭和十年三月八日的凌晨時分死去。其實狗這種對主人盡忠，等候主人回家的行為非常尋常，沒有任何特別之處。

不斷尋找主人的忠犬威利

在知名的《西頓動物記》之中，有一篇「威利，一隻黃狗的故事」，內容也與忠犬有關。威利是隻很能幹的牧羊犬，牠的主人羅賓則是個性很頑固的老爺爺。一人一狗相處了幾年之後，這位羅賓老爺爺突然放著威利不管，不知一個人跑哪裡去了。於是被遺棄的威利便每天跑到主人為了趕羊都必須去的渡船場，聞五千名渡船乘客身上的味道，但始終聞不到羅賓老爺爺的味道，但是就在持續聞了兩年之後，某天突然從戴著手套與圍巾的一名男子身上聞到了老爺爺的味道。這位名叫多利的男子是羅賓老爺爺的熟人，身上的圍巾與手套就是老爺爺送的。

除了威利與八公之外，這類事蹟其實多不勝數。在誇大八公忠義的新聞報導發佈時，生物學者直良信夫博士就曾發表評論：「在狗來說，這種看似忠義之舉其實極為尋常，不管過去還是現在都不難一見。」意欲啟發民智。

從日本的秋田犬到世界的秋田犬

若說直良博士是八公「死後的理解者」，那麼「生前的理解者」則應該是同為生物學者的齋藤弘吉博士。他在昭和七年寫了篇名為《令人心疼的老犬物語》（東京朝日新聞　昭和七年十月四日朝刊）的報導，其中提到八公每天都到澀谷站驗票閘門附近的同一個位置坐著，卻屢屢被路人干擾或欺負的悲慘事蹟。

這篇報導不僅讓人更了解八公，也了解人心不只是險惡，偶爾還會有人餵八公吃東西。

其實八公的左耳之所以會下垂，是因為當時被調皮的小孩或其他狗狗欺負，因此我在八公的銅像竣工時，由衷佩服能忠實呈現八公左耳情況的藝術家，於上野科學博物館保存的八公標本也保留了生前左耳下垂的模樣。

照片：知名會面地點的東京都澀谷站前八公像。

照片：位於東京都東京大學彌生校園的上野英三郎博士與八公像。

這座銅像如今已是澀谷最知名的會面點，而且竣工沒多久就被冠上「忠犬」的尊稱，不過在這個尊稱之前還有另一個尊稱。在八公還健在的昭和十年一月，漢學學者古城貞吉在六星館出版的《漢文入門》寫了首以「義犬八公」為題的漢詩，表彰八公的忠義。

第二次世界大戰結束後，忠義、護國、愛國這被詞彙被視為禁語，這股風潮也從新聞雜誌滲透至街談巷聞的層面，而且似乎有部分激進人士覺得八公的「忠犬」稱號很礙眼，提議今後將八公稱為「愛犬八公」，這類斯文掃地的言論甚至流行了一陣子，所幸「市民的良知」未被這等言論所惑，八公才沒被換上如此愚不可及的名字。

比起上述的淵源或忠義事蹟，如今的八公像更是澀谷廣為人知的地標，即使是第一次來到澀谷的人，只要隨口問問要怎麼去八公像，肯定會有人幫忙帶路。

八公如今是日本的名犬，其忠義事蹟也的確得到好評，但秋田犬本身的淳樸、健壯，以及「日本人自有」的忠實與勇猛，如今已傳遍全世界，一步步取代了俗稱「萬能犬」的德國牧羊犬，成為美國人或俄國人身邊的陪伴犬。血統優良的日本犬正一步步改變海外的大國。秋田犬雖然看似溫馴，但只要進入戰鬥態勢，可瞬間將三頭德國牧羊犬扭咬在地，而這類的故事也突顯了秋田犬的魅力。

應舉與文晁——兩位專畫山豬的畫師

被獵人看破手腳的應舉的「寫生」

若要替江戶中期的著名畫師寫傳記，恐怕就得提到「圓山應舉」與「谷文晁」這兩位難分軒輊的畫家。這兩位畫家也都有畫山豬的故事，而且故事內容還很相似，有關山豬的部分與身為藝術家的心路歷程也有趣得令人不容錯過。

雖然這兩位畫家都常畫山豬，但應舉留下的畫作較多。話說故事是這樣的，某天應舉畫了幅山豬在睡覺的模樣，許多人也讚譽有加，直到某位獵戶指出：「這山豬哪裡是睡著了，分明是死了，從皮毛塌著這點就看得出來。」

其實應舉的這幅山豬畫是憑想像畫的，所以畫得有點心虛，被獵戶戳破假象後，便拜託這位獵戶，為他找頭活生生的山豬。

應舉住進獵戶家中，等了一段時間後，這位獵戶告訴他：「我找到睡著的山豬了，快跟著來。」跟著獵戶走了一段路之後，發現真有一隻山豬躺在胡枝子花下面睡覺，而且身上的毛真的是立著的，獵戶告訴他，山豬連睡覺的時候都保持警戒，所以毛才會是立著的。

這次的經驗讓應舉知道觀察實物有多麼重要，據說他帶著當場畫好的素描回到江戶之後，根據這張素描重新繪製一副沉睡中的山豬，至於之前畫錯的山豬畫就撕破不要了。

文晁也畫了兩次的山豬畫

谷文晁也有類似的故事，但情節裡的人物比較生動有趣，而這個故事我是在與谷文晁有私交的太田蜀山人所著的《講談一代記》讀到的。

照片：圓山應舉的肖像畫。

在這個故事裡，文晁畫了多達三幅的山豬畫。有位有錢的買家要買文晁的畫，於是文晁到了鄉下，將沉睡中的山豬畫成一幅畫，並且公開了這幅畫。儘管眾人十分欣賞這幅畫，唯獨某位了解山豬生態的獵戶在一旁「咯咯咯」地笑了起來，還說這山豬分明是死的，於是文晁找到當初帶他去寫生的人，一問之下才知道「當時那隻沉睡的山豬隔天就死了」，由衷佩服獵戶的文晁便發奮圖強，重新畫了一幅山豬畫。

文晁心想，那隻「瀕死的山豬」應該是因為發燒，所以身上的毛才會立起來，所以趁著月光皎潔的夜晚，重

照片：谷文晁的肖像畫。

新畫了幅在胡枝子花底下散步的山豬，還把山豬身上的毛畫成豎起來的紋路。當然，這幅畫依舊得到買家、徒弟與觀眾的讚賞，但再次來看畫的獵戶卻給了更為嚴苛的評語。

「走在胡枝子花這種低矮灌木底下的山豬，身上的毛是順的，眼睛也會閉著，以免被樹枝戳到，而且這幅畫畫了月亮，代表是晚上的場景，但胡枝子花根本不會在晚上綻放，只會頭低低的」

再次遭受打擊的文晁於是拜託這位獵戶帶他去山豬經常出沒的山裡，在那裡實際觀察了走在月夜、胡枝子花之下的山豬。山豬散步的模樣真的如當時在一旁訕笑的獵戶所述，身上的毛是順的，眼睛是閉著的，胡枝子花也真的是低垂的。

文晁將眼前的風景畫成素描後，便帶著素描回到江戶，也根據這幅素描重畫一次，還將重新畫好的畫送到買家手中，同時要求買家把之前收藏的畫丟掉。

最終成為江戶通俗小說的經典

上述的山豬故事似乎搔動了通俗小說作者的靈魂，所以後來便出現了向這個山豬故事致敬的《黃門迴國記》。某位知名畫家的畫功雖好，卻是一個不知世事的男人。是年為亥年，藩主也於亥年出生，所以這位畫家便獻上山豬畫祝賀。

一開始，這位畫家畫了頭沉睡中的山豬，但滿腹學識的老臣卻大罵：「這明明是病入膏肓，說不定活不到明天的山豬，送這畫實在很不吉利！」於是畫家又畫了一幅正在奔跑的山豬的畫，結果又被叱責：「這明明是被槍打中，負傷逃竄的山豬。負傷逃竄乃兵家大忌，你以為這種不入流的東西能獻給主公嗎？」依然未能成功獻畫。

之後，住在旅館的光圀公也對這位畫家說了一樣的話。這位畫家雖然不成材，但光圀公建議他畫一些家庭溫馨的場面就好，於是這位畫家便到山裡走走，結果遇到所謂的「伴豬」的場景，當下，這位畫家便有所體悟地畫下草稿，回家後，也全神貫注地將先前的草稿畫成畫作。所謂的伴豬就是母豬伴著一大群小豬仔散步的意思。

如此詳和的畫面的確符合主公亥年之慶的意境，也總算得到學識淵博的老臣與其他家臣的賞識，成功獻上畫作。之後這幅母豬與小豬的畫就被稱為「山豬親子遊」，成為這位諸侯的傳家寶。

上述的這些故事都有警惕世人仔細觀察事物，尊重專家的教訓，而且情節都很有趣，所以才能履履改編與流傳到現代，而且想必大部分的人在聽了這些故事之後，應該都想知道「山豬若是生病，身上的毛真的會倒立起來嗎？」、「走在胡枝子花底下的山豬真的是閉著眼睛的嗎？」的答案吧。

我在動物園服務時，沒機會照顧瀕死的山豬，也沒看過在人工飼養下的山豬死掉，所以沒辦法回答上述的問題。但若是沉睡中的山豬，身上的毛真的比平常還直挺，走在植物生長茂密的地方時，眼睛雖然是睜開的，但是當眼睛快碰到胡枝子花或葉子時，的確會瞬間閉起眼睛。目前已知的是，山豬的嗅覺與聽覺都很靈敏，所以在晚上閉著眼睛走，也不會有任何障礙。

即使是寸草不生的堅實地面，山豬也能用鼻子挖出藏在地面之下的蟲子，這點跟一般的豬一樣。山豬的鼻子非常硬，就算用鞋子踢牠的鼻尖，我們也會痛得唉唉叫。此外，山豬雖然會用尖牙攻擊敵人，但更常用嘴巴死咬著敵人不放，讓敵人受重傷。另一點要提到的是，山豬不只公的可怕，連母的都不好惹。常言道，有小孩的山豬生氣後，比老虎更可怕，牠們也會用蹄子蹂躪敵人，將敵人踏得渾身是血。

照片：位於茨城縣水戶市黃門像廣場的德川光圀公像。

謝辭

要說本書是日本史，卻寫很多雜七雜八的內容，有的是日本人物史，有的是日本女性史，有的甚至是日本經濟史。我是名動物專家，想寫的也是動物的日本史，但在我幾經思索與煩惱之下，仍無法找出人生與動物之間最根本的關聯性。

最後我想到的是，以隨筆的方式，一一寫出每個時代、每種動物的趣事。由衷感謝KANZEN的各位編輯，給我機會出版這本書。

我的確是動物學者，也是沒來由的動物愛好家。這世上有許多像我一樣的動物愛護者，有些人喜歡狗，有些喜歡貓，有些則喜歡昆蟲、魚類、爬蟲類或青蛙這種兩棲類的動物，但我不知道將這些動物扯進本書，豐富本書趣味的企圖，動物愛護者會如何看待，又是否會覺得有趣。雖然我抱著非常認真的態度，洋洋灑灑寫好本書，但其實心情是相當煎熬的。

重新閱讀完稿後的本書後，我覺得內容似乎比我想像來得有趣，但喜歡貓的人，會喜歡我挑的貓咪故事嗎？這些愛貓人士也會喜歡除了貓以外的動物故事嗎？這點依舊讓我感到不安。縱使心中惶恐，仍希望愛護動物的人一讀本書，我想，您應該不會後悔，這點，我敢自信地說。

不論如何，由衷感謝能有機會出版這本不敢說能對社會、經濟、個人成就有任何貢獻的單行本。

令和二年五月　實吉達郎

參考文獻

『吾妻鏡』竜粛／岩波書店
『アラビアンナイト物語　千一夜物語拾遺』大場正史（訳）／KADOKAWA
『裏見寒話』巣飲叟鶴鼠
『英雄伝』プルタルコス（著）、柳沼重剛（訳）／京都大学学術出版会
『越後名寄』丸山元純
『江戸塵拾』
『江戸與北京　英国園芸学者の極東紀行』ロバート・フォーチュン／広川書店
『江戸編年事典』稲垣史生／青蛙房
『奥州後三年記』
『街談文々集要』石塚豊芥子
『怪談老の杖』平秩東作
『甲子夜話』松浦静山／平凡社
『寛永三馬術』中山光義／偕成社
『漢文入門』古城貞吉／六星館
『寛平御記』宇多天皇
『完訳 源平盛衰記』岸睦子（訳）／勉誠出版
『魏志倭人伝』陳寿
『逆説の日本史』井沢元彦／小学館
『郷土研究』柳田国男ほか
『近世風俗志　守貞漫稿』喜田川守貞／岩波書店
『月刊正論（2019年6月号）』正論編集部／日本工業新聞社
『蒹葭堂雑録』木村蒹葭堂
『現代語古事記』竹田恒泰／学研プラス
『玄同放言』曲亭馬琴
『ケンペル與徳川綱吉』ベアトリス・M・ボダルト・ベイリー／中央公論社
『広辞苑　第七版』新村出／岩波書店
『黄門廻国記』直木三十五／春陽堂書店
『黄門さま與犬公方』山室恭子／文藝春秋
『古今著聞集』西尾光一、小林保治（校注）／新潮社
『古今百風吾妻余波』岡本昆石
『子鹿物語』マージョリー・K・ローリングズ／講談社
『古事記』倉野憲司（校注）／岩波書店
『古事談』源顕兼（著）、小林保治（校注）／現代思潮新社
『今昔物語集』今野達（校注）／岩波書店
『今昔妖談集』
『西国盛衰記』
『産経新聞（平成28年6月10日号）』産業経済新聞社
『三王外記』東武野史
『シートン動物記』アーネスト・T・シートン／講談社
『史記』司馬遷／筑摩書房
『蕉斎筆記』平賀蕉斎
『想山著聞奇集』三好想山
『常山紀談』湯浅常山／岩波書店
『蜀山人全集』大田南畝
『書林散歩』植村茂
『新撰姓氏録』
『新版 河童駒引考　比較民族学的研究』石田英一郎／岩波書店
『新補倭年代皇紀』
『図説 日本民俗学全集』藤沢衛彦／あかね書房
『雪窓夜話抄』上野忠親／因伯叢書発行所
『続法窓夜話』穂積陳重／岩波書店
『太平記』兵藤裕己／岩波書店
『玉箒子』林義端
『譚海』津村正恭／国書刊行会
『中陵漫録』佐藤成裕／吉川弘文館
『徒然草』兼好、島内裕子（訳）／筑摩書房
『東海道中膝栗毛』十返舎一九／岩波書店
『東京風俗志』平出鏗二郎／八坂書房
『動物園の昭和史』秋山正美／データハウス
『遠江国風土記伝十三』内山真竜
『南総里見八犬伝』曲亭馬琴／岩波書店
『日本紀略』
『日本犬』斎藤弘／日本犬保存会
『日本国紀』百田尚樹／幻冬舎
『日本国紀の副読本』百田尚樹、有本香／産経新聞出版
『日本西教史』ジアン・クラセ／坂上半七
『日本史小百科』岡田章男／近藤出版社
『日本書紀』坂本太郎、井上光貞、家永三郎、大野晋（校注）／岩波書店
『日本名僧辞典』中尾堯、今井雅晴／東京堂出版
『日本霊異記』景戒、中田祝夫／講談社
『ねずさん與語る古事記・弐』小名木善行／青林堂
『寝ぬ夜のすさび』片山賢
『半七捕物帳』岡本綺堂／光文社
『武江年表』斎藤月岑／平凡社
『武将列伝』海音寺潮五郎／文藝春秋
『平家物語』梶原正昭、山下宏明／岩波書店
『枕草子』清少納言（著）、島内裕子（訳）／筑摩書房
『漫画の罐詰』田河水泡／大日本雄弁会
『視聴草』星瑞穂
『水戸黄門漫遊記』桃川実／三芳屋書店
『耳袋』根岸鎮衛／平凡社
『宮本武蔵』吉川英治／講談社
『明治天皇大鑑』政治経済研究会／政治経済研究会
『やさしく書いた日本の神話』佐脇嘉久／日本教文社
『有斐斎箚記』
『妖怪談義』柳田國男／講談社
『和漢三才図会』寺島良安／平凡社
『和訓栞』谷川士清／成美堂

日本萬獸物語

從遠古到現代，探索那些在大和神話、歷史、生活中的動物故事

日本人と動物の歴史
日本人にとって動物とは何か

國家圖書館出版品預行編目(CIP)資料

日本萬獸物語：從遠古到現代，探索那些在大和神話、歷史、生活中的動物故事／實吉達郎著；許郁文譯. -- 初版. -- 臺北市：城邦文化事業股份有限公司麥浩斯出版：英屬蓋曼群島商家庭傳媒股份有限公司城邦分公司發行, 2021.02
面；　公分
譯自：日本人と動物の歴史：日本人にとって動物とは何か
ISBN 978-986-408-654-2(平裝)

1. 日本史 2. 動物 3. 通俗作品

731.1　　110000464

作者　實吉達郎
翻譯　許郁文
責任編輯　張芝瑜
美術設計　郭家振
行銷企畫　謝宜瑾

發行人　何飛鵬
事業群總經理　李淑霞
副社長　林佳育
主編　葉承享

出版　城邦文化事業股份有限公司麥浩斯出版
E-mail　cs@myhomelife.com.tw
地址　104台北市中山區民生東路二段141號6樓
電話　02-2500-7578
發行　英屬蓋曼群島商家庭傳媒股份有限公司城邦分公司
地址　104台北市中山區民生東路二段141號6樓
讀者服務專線　0800-020-299（09:30～12:00; 13:30～17:00）
讀者服務傳真　02-2517-0999
讀者服務信箱　Email: csc@cite.com.tw
劃撥帳號　1983-3516
劃撥戶名　英屬蓋曼群島商家庭傳媒股份有限公司城邦分公司
香港發行　城邦（香港）出版集團有限公司
地址　香港灣仔駱克道193號東超商業中心1樓
電話　852-2508-6231
傳真　852-2578-9337
馬新發行　城邦（馬新）出版集團 Cite（M）Sdn. Bhd.
地址　41, Jalan Radin Anum, Bandar Baru Sri Petaling, 57000 Kuala Lumpur, Malaysia.
電話　603-90578822
傳真　603-90576622
總經銷　聯合發行股份有限公司
電話　02-29178022
傳真　02-29156275

製版印刷　凱林彩印股份有限公司
定價　新台幣400元／港幣133元
ISBN　978-986-408-654-2
2021年2月初版一刷・Printed In Taiwan